Hofbauer / MINITHEATER

FRIEDL HOFBAUER

MINITHEATER
FINGERSPIELE · SPIELGEDICHTE

FÜR KINDERGARTEN FAMILIE UND GROSSELTERN

Herder

Mit Illustrationen von
Susi Weigel und Laszlo Matulay

Therapeutische und pädagogische Beratung:
Helga Keil

2. Auflage

© Herder & Co., Wien 1985 (1983)
Alle Rechte vorbehalten / Printed in Austria
Umschlaggestaltung: Susi Weigel
Satz und Druck: Plöchl-Druck Freistadt
Bestellnummer: ISBN 3-210-24.739-0

Statt eines Vorworts

Spiel ist nicht das „gewöhnliche" oder das „eigentliche" Leben. Schon das kleine Kind weiß genau, daß es „bloß so tut", daß alles „bloß zum Spaß" ist. Wie tief dies Bewußtsein in der Kinderseele haftet, wird besonders schlagend durch den folgenden Fall illustriert, den mir seinerzeit der Vater eines Kindes mitgeteilt hat.

Er trifft sein vierjähriges Söhnchen an, wie es auf dem vordersten einer Reihe von Stühlen sitzt und „Eisenbahn" spielt. Er hätschelt das Kind, dies aber sagt: „Vater, du darfst die Lokomotive nicht küssen, sonst denken die Wagen, es wäre nicht echt."

Jedes Spiel kann jederzeit den Spielenden ganz in Beschlag nehmen. Der Gegensatz Spiel – Ernst bleibt stets schwebend. Das Spiel schlägt in Ernst um und der Ernst in Spiel.

(aus: J. Huizinga „Homo ludens", 1938)

Inhalt

Der kleine Hops beim Zebrastreifen

Die Ampel ist rot:
das heißt Gehverbot.

Die Ampel, die gelbe
sagt noch dasselbe.

Aber ist grünes Licht zu sehn
darfst du über die Straße gehn.

Die Fingernägel des Zeige-, Mittel- und Ringfingers werden in den drei Ampelfarben bemalt.
Der kleine Hops an der andern Hand richtet sich dann nach den Verkehrslichtern. Wie man
den kleinen Hops bastelt, sieht man auf Seite 85; siehe dazu auch Seite 148.

Indianerspiel

Das sind die Indianer
und das sind die Weißen.

Wollen wir uns schlagen
oder wollen wir uns
vertragen?

 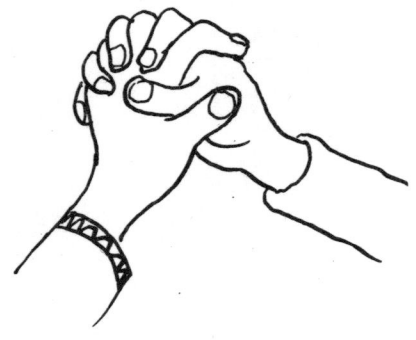

Erfahrungsgemäß kann man dieses Spiel, wie auch die meisten andern Fingerspiele, mit bloßen Fingern, mit Fingerpuppen oder mit Kindergruppen spielen. Siehe dazu auch Seite 143.

Händewaschen

Händewaschen?
Muß wohl sein.
Seh ich ein.
Dreck muß weg.
Aber manchmal ist ein Tag
wo man nicht mag.
Da will man noch eine Weile
das Glitzern an den Händen haben
vom Sandtunnelgraben.
Oder Farbe vom Malen und so.
Man kommt heim und ist froh.
Da schreit einer:
„Wasch dir die Pfoten!"

Sowas gehört verboten.

Siehe dazu auch auf Seite 144.

Ich hab einen Elefanten

Ich hab einen Elefanten
an jeder Hand
Einen langen Rüssel
hat jeder Elefant

Sie kommen aufeinander zu
und fragen, sag wer bist denn du?
Wer bist denn du wer bist denn du?

Ich bin der Pepi
und ich bin der Seppi.

Die beiden Elefanten
die freun sich sehr
sie geben sich den Rüssel
Rüssel Rüssel Rüssel
dann tanzen sie ein bissel
hin und her

Für zwei Hände. Jeweils vier Finger auf dem Tisch, jeder Zeigefinger als Rüssel vorgestreckt.
Beim Rüsselgeben haken sich die beiden Finger ineinander zum Tanz. Dann Tanzbewegungen der Finger-Füße. Bei „Pepi" und „Seppi" winkt jeder Elefant mit dem Rüssel. Siehe dazu auch auf Seite 144.

Igelspiegel

(flache Hand, aufrecht):

(gespreizte andere Hand, kommt aufrecht und wackelt mit den Stacheln):

(in diesem Augenblick wird die flache Spiegelhand gespreizt zum Igel und wackelt als Spiegelbild mit).

Da ist ein Spiegel.

Da kommt ein Igel.
Der schaut sich in den Spiegel
und sagt:
Jö! In dem Spiegel
ist ja auch ein Igel!

Siehe dazu auch auf Seite 144.

Papa, leih mir deine Hand

Darsteller: mindestens zwei Kinder, oder ein Kind mit Familie, wenn's geht mit dem Papa. Fingerpuppen: Maus, Drache, der kleine Hops.

Kind: Papa, leih mir deine Hand
        wir brauchen einen Drachen!
        Der kleine Hops bin nämlich ich.
        Du mußt den Drachen machen.
Papa: Du hast doch selber zwei Hände!

Kind: Meine andere Hand ist
                schon die Maus!
                Sie kommt aus ihrem
                Loch heraus
                und sagt mir guten Tag.
Maus: Guten Tag! Guten Tag,
                Hops!
Hops: Guten Tag, guten Tag,
                Maus!
Maus: Auf Wiedersehn,
                ich muß schon wieder
                gehn. *(ab)*
Drache-Papa: Uaaah, uaaahhhh!
Kind: Geh weg, Papa,
                du bist noch nicht
                dran!
                Der Drache
                kommt erst
                später!

Drache-Papa (traurig): Uaaahh uahhh!
        (senkt traurig den Kopf)
Kind: Kränk dich doch nicht, Papa!
        Komm, du darfst gleich mitspielen.

Drache-Papa: Uaaah, uahhh, hab ich einen Hunger!
        Da ist ja ein Hops, ein junger!
        Den werd ich gleich verspeisen!
Kind: Papa, jetzt mußt du mich beißen!
        Aber vorsichtig!

Drache-Papa: (schnappt und faßt nach dem Ohr des Kindes).

Kind: Nein, doch nicht wirklich *mich*!
        Den kleinen Hops! *Der* bin doch ich!

Drache-Papa (zur Puppe-Hops): Schnapp! *(schnappt zu)*

Hops (Kind): Maus, Maus, komm hervor!
        Der große Drache hat mich am Ohr!
Maus (Kind): Drache, verschwind wie der Blitz!
Drache (hält den kleinen Hops fest und schüttelt den Kopf).

Maus: Was, du willst den kleinen Hops nicht loslassen?
        Na wart, gleich hol ich ein Staberl!

Kind-Hops: Nein nein, nicht haun! Das ist ja der Papa!
        Erzähl ihm lieber einen Witz!
        Da muß der Drache lachen
        und dann muß er das Maul aufmachen!
Maus: Also gut! *(sie erzählt einen Witz)*
Drache-Papa: Hahahahahahahha! *(reißt das Maul auf, läßt Hops los)*

Hops (entwischt): Jetzt hast du mich losgelassen!
        Papa, du mußt mich noch einmal am Ohr erwischen!
Drache: Also gut, schnapp!
Hops: Maus! Maus!
*(Die Schnapp-Szene wiederholt sich. Die Maus erzählt einen Witz und
noch einen. Endlich)*
Maus: Ich weiß keinen Witz mehr!

Drache: *(freut sich, wackelt, so gut er kann, mit zusammengebissenen Zähnen)* Uahhuaaah!

Kind: Jetzt muß die Mama *(eventuell jemand anderer)* die Maus sein und dem Drachen einen Witz erzählen!

(Der Witz wird erzählt. Derjenige, der ihn erzählt, darf die Maus sein. Wer keinen Witz mehr weiß, gibt die Maus weiter. Wenn niemand mehr einen Witz weiß, freut sich der Drache. Einige Reservewitze finden sich auf Seite 19)

(Bevor alles sich in Tumult auflöst, taucht notfalls eine neue Figur an Papas bisher freier Hand auf: der Wichtel)

Wichtel *(wackelt aufgeregt):* Ich weiß was! Ich weiß was! Wir spielen jetzt was anderes!

Drache-Kind: Wer bist denn du?

Wichtel: Ich bin ein Wichtel
und erzähl euch ein Geschichtel!

Drache: Ruhe, Ruhe! Der Wichtel will ein Geschichtel erzählen!

Wichtel: Also dann gebt acht. Es war ...

(Er erzählt ein Geschichtel, z. B. das „Wichtelgeschichtel" auf Seite 18)

In der Illustration auf Seite 15 sind drei Puppen abgebildet, die beim Spielen helfen können: die Schlafmaus, das Krokodil (= Drache) und der kleine Hops. Anleitungen zum Basteln dieser Figuren finden Sie auf den Seiten 53, 88 und 85. Die Schlafmaus kann, über die Hand gestülpt, als Spiel- und Schlafpuppe verwendet werden. Sie hat auch einen Schwanz, an dem ein Kind spielerisch das Zöpfeflechten und Maschenbinden (Haarschleifen, Schuhbänder) lernen kann.

Ein Wichtelgeschichtel

Ein Baum ein Baum ein Baum ein Baum ein Baum
ein Wald!
Ein Wichtel ein Wichtel ein Wichtel ein Wichtel
  ein Wichtel!
Der Wald und die fünf Wichtel
erzählen sich jetzt ein Geschichtel:
bs bs bs bs bs bs bs . . . . . .

Für zwei Hände. Erste Hand zur Faust geschlossen. Ein Finger nach dem andern wird hochgestreckt, dazu sagt man jedesmal „ein Baum". Wenn die Faust offen ist, wird die Hand
hergezeigt: „ein Wald".
Die Finger der zweiten Faust stellen die Wichtel dar. Beim Geschichtelerzählen sind beide
Handflächen nahe aneinander und die Finger bewegen sich tuschelnd. Wie man Wichtelfiguren bastelt, kann man unter „Künstlergarderobe" auf Seite 129 nachschlagen. Siehe dazu auch
auf Seite 145.

Kinderwitze

*(zur Ergänzung des Spiels von Hops und dem Drachen,
vom kleinen Hops gesammelt)*

1) Warum fressen Löwen rohes Fleisch?
   ??????
   Weil sie's nicht kochen können.

2) Ein Skelett kommt zum Arzt. Der Arzt fragt:
   „Warum kommen Sie so spät?"

3) Kennst du den Sekundenwitz?
   ??????
   Schon vorbei!

4) Wirt zum Gast: Leider sind uns die Hendeln ausgegangen.
   Gast: Wohin sind sie denn gegangen?

5) Wie fängt man eine Maus?
   Ganz einfach:
   Man sucht ein Mauseloch und steckt ein Stück Speck und ein hartes
   Ei hinein. Die Maus frißt das. Am nächsten Tag und am übernäch-
   sten bringt man der Maus wieder Speck und ein Ei. Am vierten Tag
   aber steckt man nur Speck in das Mauseloch. Sofort kommt die
   Maus heraus und fragt:
   „Wo ist das Ei?"
   Und während sie überlegt, kann man sie fangen.

6) Was ist grün, sitzt auf der Wiese und schreit Muh?
   ??????
   Ein Frosch, der eine Fremdsprache gelernt hat.

Krokus

Krokus Krokus
kommt wie ein Hokuspokus
gestern war er noch nicht da,
heut steht er auf den Wiesen
und läßt vom Frühling grüßen.

Ein Sich-Dehn- und Streck-Spiel. Für Kinder oder für Finger. Siehe dazu auch auf Seite 145.

Die Kuh Luise

Die Kuh Luise
steht auf der Wiese
und frißt ein Blatt,
dann ist sie satt.

Jetzt wiederkäut sie —
und das freut sie.

Zur Werkzeichnung: Hörner und Ohren sind ein alter Handschuh, die Hörner mit Watte ausgestopft und leicht gebogen. Die Hörner können auch aus einer zusammengedrehten und hochgebogenen Papierserviette oder dergleichen hergestellt werden. Siehe dazu auch auf Seite 146.

Schnee Schnee Schnee

Schnee Schnee Schnee
ist geschmolzen
Klee Klee Klee
sagt der Acker

blau blau blau
sagt der Himmel
schau schau schau!
sagt das Kind

Heut fang ich eine Wolke

Heut fang' ich eine Wolke!
Schwupps! Schaut alle her!
Eine Wolke fangen
ist nämlich gar nicht schwer.

So groß ist meine Wolke
so breit ist meine Wolke
so dick ist meine Wolke!

Aber auch die dickste Wolke
bleibt nicht immer dick.
Jede Wolke ändert sich
jeden Augenblick.

Meine Wolke kriegt einen Bauch,
meine Wolke kriegt ein Bein,
sie platscht damit ins Himmelblau
und wird ein dickes Schwein.

So groß ist mein Wolkenschwein
so breit ist mein Wolkenschwein
so dick ist mein Wolkenschwein!

Nein nein, das ist kein Wolkenschwein,
das ist ein Wolkenbär!
Nein nein, das ist ein Segelschiff,
das segelt hin und her.

So groß ist mein Segelschiff … (usw.)

Das Schiff kriegt eine Nase
das Schiff kriegt einen Mund,
jetzt ist es schon ein Wolkenzwerg
mit einem Wolkenhund.

So groß ist mein Wolkenhund … (usw.)

Der Hund wird eine Wolkenfrau
die fliegt im Wolkenwind.
Und jetzt kriegt unsre Wolkenfrau
ein dickes Wolkenkind.

So groß ist mein Wolkenkind … (usw.)

Das Wolkenkind muß jetzt nach Haus —
die Wolkenfängerei ist aus!

Ein Streck- und Bewegungsspiel. Der Text ist als Anregung gedacht und läßt sich ändern und erweitern. Siehe dazu auch auf Seite 146.

Watscheltanz der Gänse

Watschel watschel Watschelei
alle Gänse sind dabei
watschel hin, watschel her
rundherum ist auch nicht schwer
schnatter schnatter schnatter
flatter flatter flatter
alle Gänse sind dabei
bei der Gänseflatterei —
oh, da liegt ein Gänseei —
ei ei ei

„Watscheltanz der Gänse" ist sowohl ein Spiel mit Fingern und Händen als auch ein Tanz- und Turnspiel. Beim *Fingerspiel* wird mit den flachen Händen auf dem Tisch gewatschelt, mit den vier Fingern gegen den Daumen als Schnabel geschnattert und mit Händen und Armen geflattert. Bei „oh, da liegt ein Gänseei" — werden die Hände erfreut gehoben, bei „ei ei ei" wird vorsichtig ein unsichtbares Ei mit den Händen umschlossen und aufgehoben. Siehe dazu auch auf Seite 142.

Kleines Frühlings-Hupf- und -Singspiel

Die Vögel flattern und singen
die Frösche quaken und springen
schon klappert der Storch
schon klappert der Storch!
horch!

Spiel für Kinder,
auch für Finger.
Storchgeklapper durch
Armezusammenschlagen.
Bei „horch!" beide Hände
an die Ohren.
Siehe dazu auch auf Seite 142.

Osterhasennest

Was ist denn das?
Was ist denn das?
Blumen und Gras!
Blumen und Gras!
Was ist denn das?
Was ist denn das?
Fünf Hasen sitzen
im Osternest
und wünschen
ein frohes Osterfest.

Für zwei Hände mit Fingerpuppen. Eine Hand trägt auf jedem Finger eine Blüte, die andere Hand an jedem Finger einen Osterhasenkopf. Die Blumenhand ist nach oben gestreckt. Die Finger bewegen sich wie Blumen und Gras im Wind. Die Hasen der andern Hand halten vorgebeugt ein Osterei und sind anfangs nicht sichtbar. Beide Hände werden mit den Gelenken aneinandergehalten, man sieht erst nur die Blumen. Dabei wird das Osterei von beiden Händen gehalten. Die Hände bleiben an den Handgelenken beisammen, Handflächen und Finger werden nun leicht auseinandergebogen. So entsteht ein Osternest, begrenzt von Hasen und Blumen und mit dem Ei in der Mitte. Zur Gestaltung der Hasen und Blumen siehe unter „Künstlergarderobe" auf Seite 129. Siehe dazu auch auf Seite 145.

Zwei Hähne

Da ist ein Hahn
und noch ein Hahn
die schaun sich
mit großen Augen an
dann probieren sie,
wer besser krähen kann.

Kikeriki kikerikiiiie
kikerikiiii kikerikiiii.

Spiel für zwei Hände. Mittelfinger, Ringfinger und kleiner Finger beider Hände zum Hahnenkamm gespreizt, Zeigefinger und Daumen bilden den Hahnenkopf. Der Kamm bleibt immer oben. Erst bilden Zeigefinger und Daumen die runden Augen, die Hähne beäugen einander. Dann öffnen sie den „Schnabel", (ebenfalls Daumen und Zeigefinger) und krähen abwechselnd. Siehe dazu auch auf Seite 146.

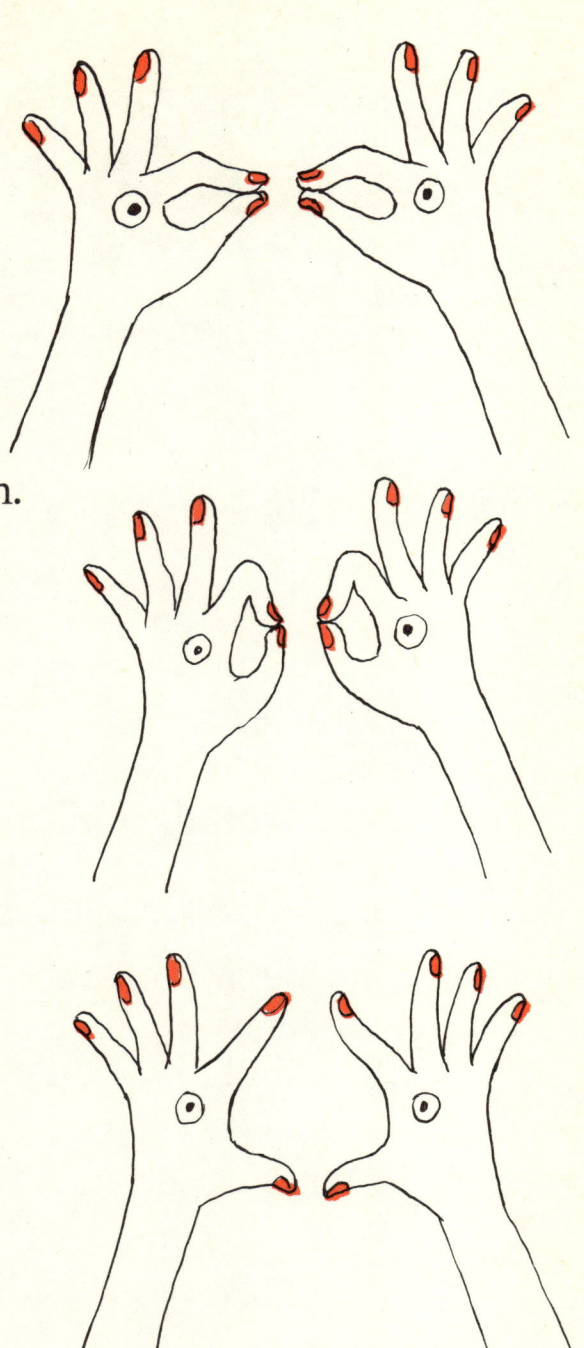

Ich will nicht immer ...

Ich will nicht immer im Auto sitzen,
ich will aussteigen!
Ich will euch was zeigen!
Großmutter sagt, die Grillen haben Geigen!

Ist das dort eine Mohnblüte?
Mutti, sind alle Mohnblüten rot?
Vati, bleib stehn!
Ein Käfer will über die Straße gehn!

Habt ihr ihn nicht gesehn?
Ist er jetzt tot?

Das Osterlamm

Ein weißes Lamm das kommt von weit
das Lamm geht durch die Osterzeit
die Osterglocken läuten
was soll denn das bedeuten?

bimm bamm bimm bamm
laß dich streicheln kleines Lamm

(wiederholen und immer leiser werden)

bimm bamm bimm bamm
laß dich streicheln kleines Lamm ...

Für zwei Hände und noch mindestens eine Hand. Also für mindestens zwei Kinder oder
einen Erwachsenen und ein Kind gedacht. Wobei immer eine Person Lämmchen und Glok-
ken zugleich spielen (eine Hand Glocken, eine Hand Lämmchen) und die dritte Hand, der
Zuschauer sozusagen, streicheln darf. Siehe dazu auch auf Seite 142.

Heute gibt es Regenwetter

Heute gibt es Regenwetter
Gänseblümchen schließt die Blätter.
Scheint die Sonne wieder drauf
blüht das Blümchen wieder auf.

Eine Hand ist die Blüte, die sich schließt und öffnet, eine Hand ist Regen und dann Sonne. Man kann die Rollen auch an zwei bis drei Kinder verteilen. Siehe dazu auch auf Seite 143.

Es sitzen da zwei Hasen

Es sitzen da zwei Hasen
im grünen Gras,
der eine sagt zum andern:
Weißt du was —
wir wackeln mit den Ohren
nur so zum Spaß!

Fingerspiel für zwei Hände. Zeigefinger und Mittelfinger als Hasenohren hochgestellt, die anderen drei Finger zur Faust geschlossen. Variationsmöglichkeit: zwei Kinder, je eine Hand. Oder zwei Kinder vier Hände, drei Kinder sechs Hände ... Dann heißt es jeweils: es sitzen da vier Hasen ... oder sechs. Siehe dazu auch auf Seite 142.

Muttertagsbussi

Liebe Mutter!

Wir wünschen dir heut
nur lauter Freud
und außerdem, liebe Mutter, kriegst du
von jedem noch ein Bussi dazu:
Bussi, Bussi, Bussi, Bussi

KÜSSCHEN, SCHMATZ, BUSSI, KUSS … sagt man auf deutsch, es kommt von althochdeutsch KUSSEN, gotisch KUKJAN, griechisch KYNEIN.

Wie sagt man zum „Bussi" in anderen Ländern und Sprachen?

KUBUSU MUDDHU CHUMBAN SCHMÖTZLI
(Kiswahili)   (Telugu, Süd-Indien) (Gujerati, Süd-Indien) (Schweiz)

NESHIKA POCALUI KOBLA-SADAKA KUSJE
(Israel)   (Rußland)   (Tunesien)   (Holland)

UN BEC   UN BISOU (MIMI)   PETONET
(Kanada)   (Frankreich)   (Katalanien)

BESITO   BACIO / BACINO   EN LITEN SUSS
(Spanien)   (Italien)   (Norwegen)

EN PUSS   KISS   ÖPÜCÜK   POLJUBAC
(Schweden)   (England)   (Türkei)   (Yugoslawien)

BUS(SEH)   MATSCHIK   HAMBUIR
(Persien)   (Armenien, Umgangssprache)   (Armenien, Hochsprache)

PUSZI / CSÓK   HUBIČKU
(Ungarn)   (Tschechoslowakei)

Wer kann diese Liste noch ergänzen?

Siehe dazu auch auf Seite 148.

Grashüpfers Überstundenlied

Hopp Hopper hopp
dein Vater hat ein Dschob
dein Vater ist noch im Büro
da ist der Hopper gar nicht froh
hopp Hopper hopp

Nie Hopper nie
kommt Vater abends früh
der Hopper ist schon längst im Bett
als ob er keinen Vater hätt
nie Hopper nie

Nie Hopper nie
sitzt du auf seinem Knie
wenn Vater heimkommt ist er müd
und zirpt das Überstundenlied
nie Hopper nie

Einst Hopper einst
kommt Vater wenn du weinst
nimmt dich aufs Knie und ist nicht müd
und zirpt für dich sein schönstes Lied
einst Hopper einst

Siehe dazu auch auf Seite 147.

Kunstreiter

Mein Pferd das geht mit mir im Schritt
ich reit auf seinem Rücken mit
ein Schritt   ein Tritt   ein Schritt   ein Tritt
ein Schritt   ein Tritt   ein Schritt   ein Tritt …

Dann geht es schneller fort im Trab
wie schön daß ich ein Pferdchen hab
trabtrab   trabtrab   trabtrab   trabtrab
trabtrab   trabtrab   trabtrab   trabtrab …

Aber jetzt — aber jetzt   — gehts im   — Galopp
hopphopp — hopphopp — hopphopp — hopphopp
hopphopp — hopphopp — hopphopp — hopphopp

Dieses Spiel ist ein Kniereiterspiel. Man kann es auch mit zwei Händen spielen. Eine Hand ist das Pferd, das im Schritt geht, dann trabt und schließlich galoppiert, die zweite Hand sitzt mit gespreizten „Beinen" (Zeige- und Mittelfinger) auf dem Handrücken. Diese „Beine" können auch Zirkus-Reitkunststücke aufführen, springen, knien, Beine wechseln, sich auf dem Handrücken benehmen wie ein richtiger Zirkusreiter auf einem Pferd. Siehe dazu auch auf Seite 147.

Komm gut heim

Komm gut heim, Papa
komm gut heim
Wenn du mit dem Auto saust
und so durch die Straßen braust
komm gut heim, Papa
komm gut heim.

Winken. Im Mittelteil des Textes greifen beide Hände an ein unsichtbares Lenkrad und drehen es. Bei Komm gut heim winken wieder die hoch erhobenen Hände. Siehe dazu auch auf Seite 143.

Montag fängt die Woche an

Montag fängt die Woche an
Dienstag geht sie weiter
dann kommt der lange Mittwoch dran
Donnerstag und Freitag
am Samstag ist die Woche aus.
Am Sonntag bleiben wir nicht zu Haus
Vater Mutter Kind

Zwei Hände, die zuerst als Fäuste nebeneinander erscheinen. Die Finger strecken sich einzeln nacheinander aus der Faust und jeder sagt sozusagen seinen Namen. Vater Mutter Kind – sind die letzten drei Finger. Man kann die drei mit Köpfen versehen. In diesem Fall zeigt die Rückseite der Fäuste zum Zuschauer, damit die Köpfe als Überraschung sichtbar werden. Reihenfolge beachten, jede Hand fängt mit dem Daumen an, so daß Vater: Mittelfinger, Mutter: Ringfinger und Kind: kleiner Finger die letzten sind, die sich strecken. Siehe dazu auch auf Seite 143.

Noch ein Wichtelgeschichtel

Es war einmal es war einmal
ein hoher Berg ein tiefes Tal.
Ganz oben auf dem hohen Berg
da wohnt ein kleiner Wichtelzwerg.
Ganz unten in dem tiefen Tal
da liegt ein großer, bunter Ball.
Hoher Berg, Wichtelzwerg
tiefes Tal, runder Ball.

Kommt der Zwerg gesprungen,
nimmt den großen bunten Ball
und hat ganz laut gesungen:

Es war einmal es war einmal
ein hoher Berg ein tiefes Tal …
. . . . (usw.)

Als Turn- und Spaßspiel gedacht: bei „hoher Berg" werden die Arme hochgestreckt, etc. Zum
Basteln der Wichtelfigur siehe die „Künstlergarderobe" auf Seite 129.

Einer will aufstehn

Einer will aufstehn   (linker Daumen kommt heraus)
der andre will schlafen.   (rechter Daumen bleibt in der Faust)
He du, aufstehn!
sagt der eine
und klopft den andern.
Laß mich doch schlafen!   (rechter Daumen schaut kurz heraus)
sagt der andere
und geht wieder schlafen.

Das Ganze zweimal. Beim zweitenmal beginnt der rechte Daumen.
Siehe dazu auch auf Seite 141.

Da geht einer

Da geht einer
da steht einer
da kniet einer
da legt er sich auf die Wiese hin.
Ui — da zappelt einer
weil's auf der Wiese krabbelt —
„Ameisen!" schreit einer
und springt auf
und rennt
   rennt
      rennt
         rennt
            rennt
und will sich bei dir verstecken —

Fingerspiel für Zeige- und Mittelfinger. Am Schluß rennt das Fingerpaar am Kind über Arm und Hals krabbelnd hoch und versteckt sich im Haar. Siehe dazu auch auf Seite 144.

Der Dicke ist am Fußballplatz

Der Dicke ist am Fußballplatz,
der Dünne auf der Piste.
Der Lange sucht sich einen Schatz,
der Kurze kriecht in die Kiste.
Der Kleinste der ist ganz allein
da fängt er an zu schrein:
Bäääääääääääh!

Eine Hand schließt sich Finger nach Finger zur Faust, nur der Kleinste bleibt stehen. Dies ist ohne Verkleidung, bloß als Hand, zu spielen. Siehe dazu auch auf Seite 143.

Ich bin ein Daum

Ich bin ein Daum
und steig auf den Baum
und wenn ich
oben bin
schrei ich
hallo!

Jeweils ein aus der Faust gestreckter Daumen wird von der andern Hand umschlossen, die als
Faust ihrerseits den Daumen hochstreckt usw. Es entsteht das Gefühl des sich am eigenen
Daumen Festhaltens und Hochkletterns. Am Schluß werden beide Arme hochgeworfen.
Siehe dazu auch auf Seite 141.

Guten Tag Herr Nachbar

1. Daumen: Wer sind denn Sie?
2. Daumen: Wer sind denn Sie?
1. D.:   Ich bin der Nachbar!
2. D.:   *Ich* bin der Nachbar!
1. D.:   Nein, ich!
2. D.:   Nein, ich!
1. D.:   Warum schreien Sie denn so?
2. D.:   Weil Sie so weit weg sind!
1. D.:   Dann kommen Sie doch näher!
2. D.:   Ich komm schon!
1. D.:   Ich komm schon!
Beide: Oje, da ist ja ein Abgrund!
             Was machen wir denn da?
(beide Daumen gucken nach unten)
Beide: Wir bauen uns eine Brücke
             Wir bauen uns ein Haus
             da sitzen wir drin und schauen hinaus.

Zwei Fäuste, deren Daumen hervorkommen und als Nachbarn miteinander plaudern. Bei „Brücke" werden die Hände verschränkt, bei „Haus" bilden beide Hände, flach, ein Dach. Dann biegen sich die Daumen unters Dach und gucken dem Zuschauer entgegen. Siehe dazu auch auf Seite 142.

Ich mag nicht mehr

Die kleine Zizibeh
hat keinen Appetit.

Da kommt der kleine Hops
und sagt: „Jetzt eß' ich mit."

Bastelanleitung zum kleinen Hops siehe auf Seite 85.

Fünf kleine Vögel

Fünf kleine Vögel sitzen im Nest
und schreien: piep piep piep!
Da kommt die Mutter
und bringt ihnen Futter.
Sie hat sie alle lieb.

Spiel für zwei Hände. Eine Hand — mit der Handfläche nach oben — stellt die Vögel dar (Finger einzeln bewegen!), die zweite Hand ist die Vogelmutter (Daumen und Zeigefinger sind der Schnabel), die die Vögel (Finger) einzeln füttert.

Kochlöffelvogelscheuchentanz

Ich bin eine Kochlöffelpuppe.
Wißt ihr, was ich tu?
Ich steh bei den Blumen am Fensterbrett,
und schau beim Wachsen zu.

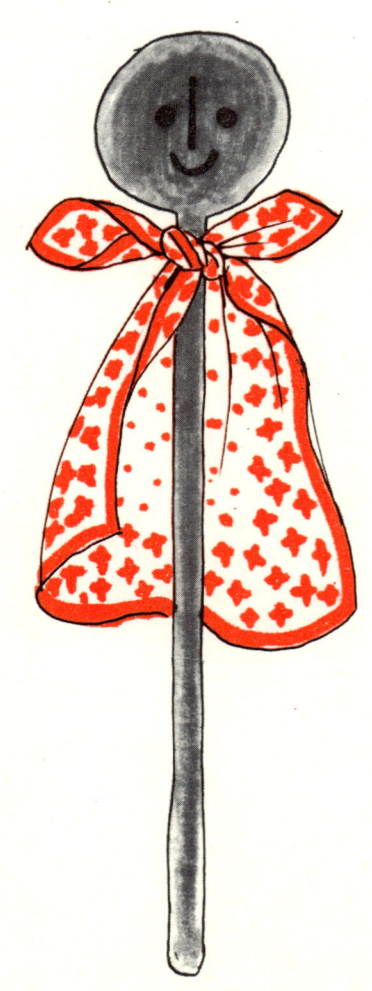

Kommt der Wind, dann tanz ich gleich
mein Kleid weht hin und her,
ich spiele, daß ich Spatzen scheuch,
das freut die Spatzen sehr.

Sie fliegen zu mir aufs Fensterbrett,
sie spreizen Flügel und Schwanz,
dann tanzen wir alle zusammen
den Vogelscheuchentanz.

Schwirr und tschilp und tschilp und schwirr,
Vogelscheuche tanz mit mir!
Her und hin und hin und her —
alle Spatzen freun sich sehr.

Wenn die Spatzen müde sind,
fliegen sie davon,
und ich tanz allein im Wind
schau so — schau so —
komm und tanz doch mit, mein Kind!
schau so — schau so —
Ja — du kannst es schon!

Auf der Fernsehantenne

Auf der Fernsehantenne
sitzen die Spatzen und schwatzen.
    Dies Jahr waren die Kirschen sehr klein,
    und was wird morgen für Wetter sein?
schwatzen die Spatzen.

Auf dem großen Fliederstrauch
sitzen die Spatzen und schwatzen.
    Der Rauchfang dort drüben
    ist warm vom Rauch,
    das wär eine Wohnung, meinst du nicht auch?
schwatzen die Spatzen.

Die Katzen unter dem Fliederstrauch
heben die Tatzen mit Gepfauch.
    Schwirren wir ihnen am Schnurrbart vorbei,
    damit sie vor Ärger platzen?!
schwatzen die Spatzen
und fliegen mit Getschilp und Geschrei
den Katzen an der Nase vorbei,
verschwinden im Rauchfang,
der warm ist vom Rauch,
und wärmen dort Füße und Spatzenbauch.

Im Haus aber vor dem Apparat
sitzen Menschen und sehen fern
und trinken Cola und Bier.
Sie knacken Nüsse
und warten auf Schüsse …
Und daß die Spatzen schwatzen,
und die Katzen vor Ärger fast platzen,
merkt keiner, sag ich dir!

Gutenachtspruch der Schlafmaus

Jetzt geh ich schlafen, ich bin schon müd
und sing dir noch das Schlafmauslied:

Gute, gute Nacht!   (nach der Melodie Schlaf Kindlein schlaf)
Die Augen zugemacht!
Jetzt nimm mich bitte in den Arm,
da schlaf ich gut, da hab ichs warm!
Gute, gute Nacht!
Gute, gute Nacht!

(winkend ab)
Gute, gute Nacht!
Gute, gute Nacht! …

OHREN MIT FADEN
ETWAS ZUSAMMEN
ZIEHEN, AB=
BINDEN.

DIESEN TEIL AUS DEM
RÜCKENTEIL SCHNEIDEN

FILZ

NASE

VON X ZU X
LOCH FÜR DEN
KLEINEN FINGER
OFFEN LASSEN.

AUGENLID
EINSCHNEIDEN

X

X

← STOFF BUG →

AUGE (2×)
DURCH DIE
LIDSCHLITZE
STECKEN U.
AN -----LINIE
MIT SCHWAR=
ZEM GARN
VON AUSSEN
AN NÄHEN.

MUND UND
NASENLINIE
~~~~ NÄHEN.

SCHNURBART=
HAARE EIN=
ZELN DURCH=
ZIEHEN.

SCHLAFMAUS

FÜR KLEINE KINDERHÄNDE,
BITTE VERKLEINERN.

LOCH FÜR
DEN DAUMEN
AUS DEM VORDER=
TEIL AUSSCHNEIDEN

VON DER
INNENSEITE
BEFESTIGEN

SCHWANZ

35 mm VERLÄNGERN

Grusliges

Der Lindwurm malt heut Rosen
der Mond steht überm Haus
Gespenster waschen Hosen
da lacht die Fledermaus.

Die Hex kocht Kräutersoßen
wer leckt die Schüsseln aus,
die kleinen und die großen?
Es ist ein rechter Graus.

Und weils ein rechter Graus ist
ists auch ein rechter Schreck.
Zum Glück, daß da eine Maus ist
   eine bunte feine winzigkleine
      meine deine seine unsre Maus ist
      die lacht das Gruseln weg.

Auch beim Gruselgedicht gibt's Tauschmöglichkeiten.
Und wie wär's mit ganz neuen Reimen?

Der Vater kauft ein großes Schwein
die Mutter sammelt Pilze ein
das Krokodil das schwimmt im Nil
und sagt: jetzt ist es mir zu viel!

         Na?

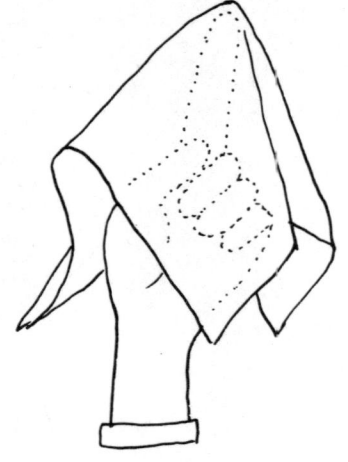

Das Gespensterl

Da ist ein Gespensterl

das guckt durchs Fensterl

und dann:

huiiiiiiiiiiii!

fliegt es fort

Siehe dazu auch auf Seite 146.

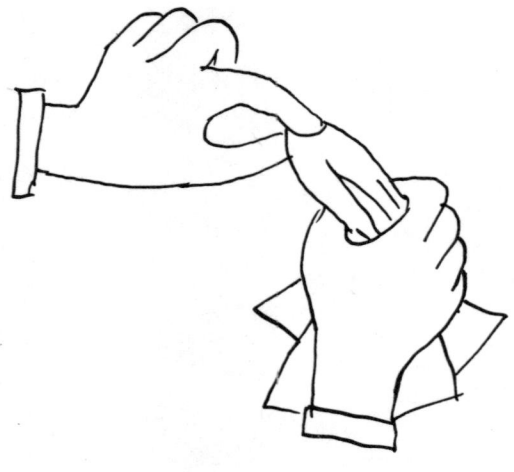

Die Gespinster

Bitte mach das Licht nicht aus,
bitte geh noch nicht hinaus,
ich hab Angst im Finstern!
Ich fürcht mich vor Gespinstern!

Man schläft nicht gut bei Licht, mein Kind,
und Gespinster gibt es nicht!
sagt die Mutter, geht hinaus
und löscht dabei das Licht.
Im Zimmer ist es finster.
Jetzt kommen die Gespinster.
Sie haben Hemden aus Vorhang und Wind.

Die Gespinster tanzen im Zimmer herum,
der Fußboden knackst und die Truhe.
Gespinster tanzen nur ganz sacht,
sie tragen niemals Schuhe.

Sie wehen und gehen auf bloßen Zehen,
sie knacken und sie rascheln.
Sie schwimmen durchs Zimmer im Mondenschein,
sie schwimmen durchs Fenster hinaus und herein
und sind ganz aufgeregt,

weil das Kind sich nicht schlafen legt.
Es fürchtet sich, sagt ein kleines Gespinst.
Es fürchtet sich im Finstern,
es fürchtet sich vor Gespinstern!

Da zünden sie alle Laternchen an
und es wird ganz schnell
ganz hell!!

Und es wuschelt und huschelt und tuschelt:
Hab keine Angst vor Gespinstern!
Sie tragen die Sterne im Finstern!

Blume im Topf

Blume im Topf
warum senkst du den Kopf?
Hab ich vergessen dir Wasser zu geben?
Ich hol dir welches,
da hast du Wasser
bitte, Blume
bleib am Leben!

Der Blumentopf ist eine Faust mit nach oben gerichtetem, leicht gekrümmtem Zeigefinger.
Der Daumen der zweiten Hand fungiert zuerst als Sprecher, dann mit der Bewegung des Gie-
ßens als Schnabel einer Gießkanne. Nachher streckt sich langsam der Zeigefinger der ersten
Hand — die Blume hebt wieder ihren Kopf. Siehe dazu auch auf Seite 141.

So groß wie du

Papa, jetzt bin ich nicht mehr klein,
und wenn ich erst so groß bin wie du,
werden wir richtige Freunde sein.

Jorinde und Joringel

Jorinde und Joringel
die gingen durch den Wald
da kamen sie zu einem Schloß
das Schloß das war schon alt

Jorinde und Joringel
die gingen näher hin
sie klopften an das große Tor
da kam die Zauberin

Sie öffnete das große Tor
und fing Jorinde ein
den armen Herrn Joringel
den machte sie zu Stein

Jorinde war ein Vogel
und flog um ihn herum
der arme Herr Joringel
der blieb ganz Stein und stumm

Da wuchs eine schöne Blume
zwischen Vogel und Stein

ihr Duft der war so stark
da fiel das Zauberschloß ein

Die Zauberin die kroch hervor
und war entsetzlich bös
sie zauberte zur Blume hin
mit Donner und Getös

Die Blume aber wiegte sich
nur leis im Frühlingswind
da konnte die Zauberin gar nichts mehr tun
und sagte: Ich verschwind

Joringel war nicht länger ein Stein
der Vogel war wieder Jorinde
und sie bauten sich ein Haus im Wald
und wurden zusammen glücklich und alt
und kriegten viele Kinder.

Jorinde und Joringel sind Zeigefinger und Mittelfinger einer Hand, die sich bewegen (gehen). Das Schloß ist die Faust der anderen Hand. Die Zauberin ist der Daumen, der aus der Faust schnellt. Sie verzaubert Jorinde: indem das Schloß den Mittelfinger packt und umschließt. Der Zeigefinger bleibt als Stein stehen. Das Schloß verwandelt sich in eine flatternde Hand, Jorinde als Vogel, die den Stein umflattert. Die Blume sind fünf Finger einer Hand, die sich langsam öffnen. (Eventuell die Hand eines weiteren Mitspielers, sonst einfach die Joringelhand.) Aus der Schloß-Hand wird die Zauberin. Donner und Getöse entstehen durch Fäustegetrommel der Zuschauer auf dem Tisch. Wenn die Blume sich wiegt, wird eine Art Triangel aus Löffeln und Schlüsseln an Bändchen laut. Die Kinder sind alle fröhlich wackelnden Finger beider Hände. Siehe dazu auch auf Seite 148.

Der gute Herr Christoffel

Der gute Herr Christoffel
der war eine Kartoffel
aber jetzt aber jetzt
mit dem Hut aufgesetzt
ist er der Herr Christoffel.

Jetzt kommt Herr Knups, der liebe
der war doch eine Rübe
aber jetzt aber jetzt
mit der Mütze aufgesetzt
ist er Herr Knups, der liebe.

Jetzt kommt der Peter Zapfel
der war einmal ein Apfel
aber jetzt aber jetzt
mit dem Kappel aufgesetzt
ist er der Peter Zapfel.

Jetzt kommt die schöne Braut
die war ein dickes Kraut
aber jetzt aber jetzt
mit dem Schleier aufgesetzt
ist sie die schöne Braut.

Du schöne, schöne Braut
mit wem wirst du getraut?
Mit dem guten Herrn Christoffel?
Nein, der war eine Kartoffel.
Den mag ich nicht zum Bräutigam
ich schau mir einen andern an.

Du schöne, schöne Braut,
mit wem wirst du getraut
mit dem guten Peter Zapfel?
Nein, der war einmal ein Apfel.
Den mag ich nicht zum Bräutigam
ich schau mir einen andern an.

Du schöne, schöne Braut
mit wem wirst du getraut?

Ich nehm Herrn Knups von Rüben
den kann ich wirklich lieben.

Hoch hoch hoch
jetzt kriegen sie sich doch
Bräutigam und Braut
Kraut Kraut Kraut
und Rü - ü - ben.

(Die handelnden Personen sind leicht herzustellen. Die Zuschauer dürfen nach einer selbst-
erfundenen Melodie mitsingen.)

Was tut ein Maikäfer

Was tut ein Maikäfer im August?
Eis essen!
Hast du das nicht gewußt?

Da ist ein Maulwurfshügel.
Kriegt der Maulwurf nie Flügel?

Im Kino können die Eisbären alle telephonieren —
oder wenigstens manche. Ich will ein Krokodil.
Das muß man aber an der Leine spazierenführen
sonst frißt es zu viel.

Der Bagger und der Regenwurm

Der Bagger spielt mit Sand.
Er nagt ein Loch ins Land
und spuckt einen Berg daneben.

Was soll denn das geben?
fragt der Regenwurm.
Ein Schwimmbecken für die Kinder,
sagt der Bagger,
und für dich
einen Aussichtsturm.

Zwergberg

Ich bin nur ein Zwerg
doch ich steig auf den Berg!
Dann rutsch ich ganz munter
von oben herunter.

Zwei Finger steigen den eigenen oder einen fremden Arm hinauf bis zur Schulter, rutschen dann den Arm herunter und schwingen mit großer Armbewegung aus. Siehe dazu auch auf Seite 145.

Blumen und Sonne

Was ist denn das?
Blumen und Gras.
Sie wehen im Wind
sie wehen im Wind —
Sie recken sich, sie strecken sich ...
Schau! Die Sonne scheint!

Fingerspiel ohne Puppen, da sich die Hand blitzschnell aus Gras und Blumen in die Sonne verwandelt. Erst recken sich die Finger, dann schnellt der Arm hoch und die Hand oben spreizt die Finger, wird zur „Sonne". Eine „Verkleidung" würde hier nur stören, die Verwandlung entsteht ja durch die bloße Bewegung und wäre sonst nicht möglich. Spielbar für eine einzige Hand. Siehe dazu auch auf Seite 141.

Schneck

Schneck Schneck Schneck
krieg mir keinen Schreck
zieh nicht gleich die Fühler ein
wir wollen doch zwei Freunde sein!

Spielbar für den kleine Hops und eine Hand als Schneck, dessen Fühler Zeigefinger und
Mittelfinger sind. Auch als Zirkusnummer im Zirkus Miau brauchbar. Siehe dazu auch auf
Seite 148.

Samenkorn, werde Brot

Der Bauer sagt:

Das kleine Korn in meiner Hand
das leg ich in mein Ackerland
das kleine Korn bleibt nicht so klein
es wird noch wachsen und gedeihn.
Samenkorn werde Brot
seinen Segen geb dir Gott.

Die Sonne scheint, der Regen rinnt
das Korn wird groß und weht im Wind
und wenn es reif im Felde steht
wird das Korn gemäht,
dann drischt mans auf der Tenne.
Ein Körnchen kriegt die Henne.

Der Müller sagt:

Das Korn wird in die Mühle gefahren.
Der Müller hat weißes Mehl in den Haaren.
Windmühle, Wassermühle,
mahle Mühle, mahle,

befrei das Korn von der Schale
mahl das Korn zu Mehl und Grieß
iß mein Kindchen iß.

Der Bäcker sagt:

Das Mehl das kommt zum Bäcker
der stellt ganz früh den Wecker
wenn du noch schläfst dann backt er schon
Brot mit Salz und Mohn.

Ein Kind sagt:

Jetzt liegt das Brot auf dem Tisch
knusprig braun und frisch.
Komm wir wollen es essen
doch dürfen wir nie vergessen:
Nicht alle auf der Welt sind satt.
Wir müssen fragen wer Hunger hat
und teilen mit dem Bruder in Not
sonst bleibt ohne Segen unser Brot.

Gib mir die Hand

Gib mir die Hand
und komm mit mir
fürcht dich nicht
weil ich dich führ.

Erst führ ich dich
dann führst du mich.
Wohin wir gehn, das weiß ich nicht —
aber ich geh gern mit dir.

Wink Schmetterling

Wink mir, wink
Schmetterling

Schmetter — ling
Schmetter — ling
flieg ins Land hinaus
wenn du eine Blume siehst
ruh dich auf ihr aus

Wenn du nicht mehr müde bist
wink mir wieder, wink
Schmet — ter — ling
Schmetterling
Schmetterling
Schmetterling …

Zwei flache Hände, Handflächen gegen-
einander, an den Gelenken aneinander,
bewegen sich wie Schmetterlingsflügel.
Beim Ausruhen beide Handrücken gefaltet
aneinanderlegen, dann wieder Weiterflat-
tern. Siehe dazu auch auf Seite 143.

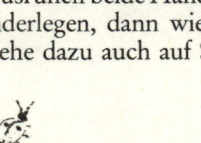

Wolkenzupfen

Habt ihr schon einmal Wolken gemolken
habt ihr schon einmal Wolken gezupft?
Da hab ich eine Wolke aus Watte:
schaut, wie die plötzlich
piepst
und hupft!

Wattevogel:

Ich hab einen Vogel gefangen
der Vogel will hinaus
da mach ich gleich den Käfig auf
und laß den Vogel aus.

Flieg, Vogel, flieg
von einem Baum
zum andern Baum
am Abend flieg ins Nest,
das ist das Allerbest.

Wattemaus:

Wattemaus Wattemaus
siehst erst bloß wie Watte aus
kriegst zwei runde Ohren
kriegst ein Schnäuzchen und den Schwanz
Wattemaus, jetzt bist du ganz!

und jetzt husch ...

Watteball:

Und was machen wir jetzt aus der Wolke?
Einen Ball!
Fang einmal!

Wattevogel: Die Hände bilden erst zusammen den Käfig, dann je einen Baum, der Vogel fliegt hin und her, von einer Hand zur anderen. Zuletzt bilden die Hände ein Nest, in dem der Vogel sitzenbleibt. Der Vogel selbst, aus Watte zurechtgezupft, bekommt einen mit feuchten Fingern gedrehten Schnabel, Hals eventuell mit Faden abgebunden. Eine Feder als Schwanz und Schwerpunkt zum Fliegen. Auch der Mauseschwanz wird mit gefeuchteten Fingern gedreht, sonst nur gezupft. Siehe dazu auch auf Seite 146.

Schau, schau, schau,
jetzt kommt der —

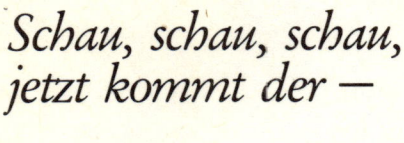

Zirkus Miau

Ich bin der Herr Zirkusdirektor!
Wir zeigen euch jetzt unsre Kunst.
Kommt alle, kommt alle,
                          kommt alle!
Der Zirkus,
            der spielt heut' umsunst.

Der Direktor sagt die jeweils folgenden Nummern an. Also etwa: „Sie sehen jetzt unsere
berühmte Raubtiernummer mit dem Tiger Jussuf, vorgeführt von Fräulein Hopsine."

Hopsine und der Tiger Jussuf

Hopsine:
Hopp hopp hopp
Hopp hopp hopp
der Tiger kommt schon
im Galopp.

Tiger (Katze): (bleibt stehen und knurrt tief): Miau!
Hopsine: Knurr nicht! Hopp, in den Joghurtbecher!
        Also — los! Na?
Tiger: (knurrt)
Hopsine: Hopp, na komm schon!
Tiger: (läuft an, überspringt ein Hindernis und landet mit beiden
        Beinen im Joghurtbecher)
Hopsine: Sehr schön, brav, gleich nocheinmal!
(Wiederholung)
Hopsine (krault Tiger): Brav!
Tiger (schnurrend): Miau! (verbeugt sich)
        Miau, Miau, Miau!
(Die Zuschauer klatschen)

Der Clown

Guten Tag guten Tag
meine Damen und Herrn!
Ich bin der Clown und lach so gern:
haha haha haha!

Guten Tag guten Tag
meine Damen und Herrn!
Ich bin der Clown
und wein' so gern:
huhu huhu huhu!

Guten Tag guten Tag
meine Damen und Herrn!
Ich lach so gern, ich wein' so gern,
doch jetzt geh ich nach Haus,
die Vorstellung ist aus.

Siehe dazu auch auf Seite 145.

Das Springinkerl

Ich bin ein Springinkerl
und sitz noch im Winkerl,
doch wenn du willst
komm ich heraus.
Bitte um Applaus!

Das Springinkerl, aus einem alten Strumpf und Holzperlen gebastelt, verbeugt sich schlenkernd und verlockt zu weiteren Bewegungen der Kinderhand und der Phantasie. Siehe dazu auch auf Seite 145.

Trink, Vogel, trink

Flink, Vogel, flink,
Trink, Vogel, trink!
Hast du schon genug?
Dann guck, Vogel, guck!

Druckknopfvogel: Ein Stückchen Karton oder starkes Papier, darauf den aus starkem Papier geschnittenen Vogel (ohne Beine) mit einem Druckknopf an der Unterlage befestigen. Die Vogelbeine werden auf die Unterlage gemalt. Der Vogel läßt sich zum Trinken (Bücken) oder zum in die Luft Gucken verschieben.

Stachelschweinkrabbelspiel

Da ist ein kleines Stachelschwein
das zieht jetzt seine Stacheln ein
eins zwei drei vier fünf
dann streckt's die Stacheln wieder aus
und läuft in die weite Welt hinaus
zu mir?
zu dir?
krabbelt's dort?
krabbelt's hier?

Da ist ein kleines Stachelschwein
das möchte nicht mehr stachlig sein
und rollt sich ein.

Die Stacheln werden mit Hilfe der Finger dargestellt.

Der Zauberer Hui

Ich bin der Zauberer Hui
und hab einen Zauberhut.
Ich schieb meine Hand darunter
und hui —
ist sie ein Hahn!

(Der Hahn kräht)

... ist sie eine Gans!

(Die Gans schnattert)

... ist sie ein Hund!

(Der Hund bellt)

Der Zauberer Hui (ein Kind) mit „Zauberhut" schiebt eine Hand darunter und formt mit den Fingern einen Hahn (wie Seite 29), einen Gänsekopf (wie Seite 26), Hasenohren (wie Seite 33) usw., hebt jeweils den Hut und läßt die „Tiere" agieren.

Vorschläge für eine Erweiterung des Zirkusprogrammes

Im Zirkus Miau können auch andere Künstler aus diesem Buch auftreten:

— die Raupe, die zum Schmetterling wird (Seite 97)
— zwei Hähne (Seite 29)
— zwei Elefanten (Seite 12)
— ein Schneck (Seite 71)
— das Gespensterl (Seite 56)
— der Kunstreiter (Seite 38)
— die Kuh Luise (Seite 21)
— der Wolkenfänger (Seite 24)
— der Igelspiegel (Seite 14)
und viele andere. Das Programm kann beliebig variiert werden.

AUS ROSA FILZ
SCHNEIDEN.
X AUF X AUF X
LEGEN UND BIS
O ZUNÄHEN.
KOPF SEITLICH
ZUNÄHEN.

BUG

WEISSE BLUSE.
AUF DEN ARMEN
BEFESTIGEN.

TRÄGER UND
GÜRTEL HINTEN
BEFESTIGEN.
DIE
HOSEN=
BEINE
BAUMELN LOSE
HERUNTER

HOSE

2× ROTE
SCHUHE
AN DIE
HOSE BE=
FESTIGEN

SO SIEHT
HOPSINE
AUS.

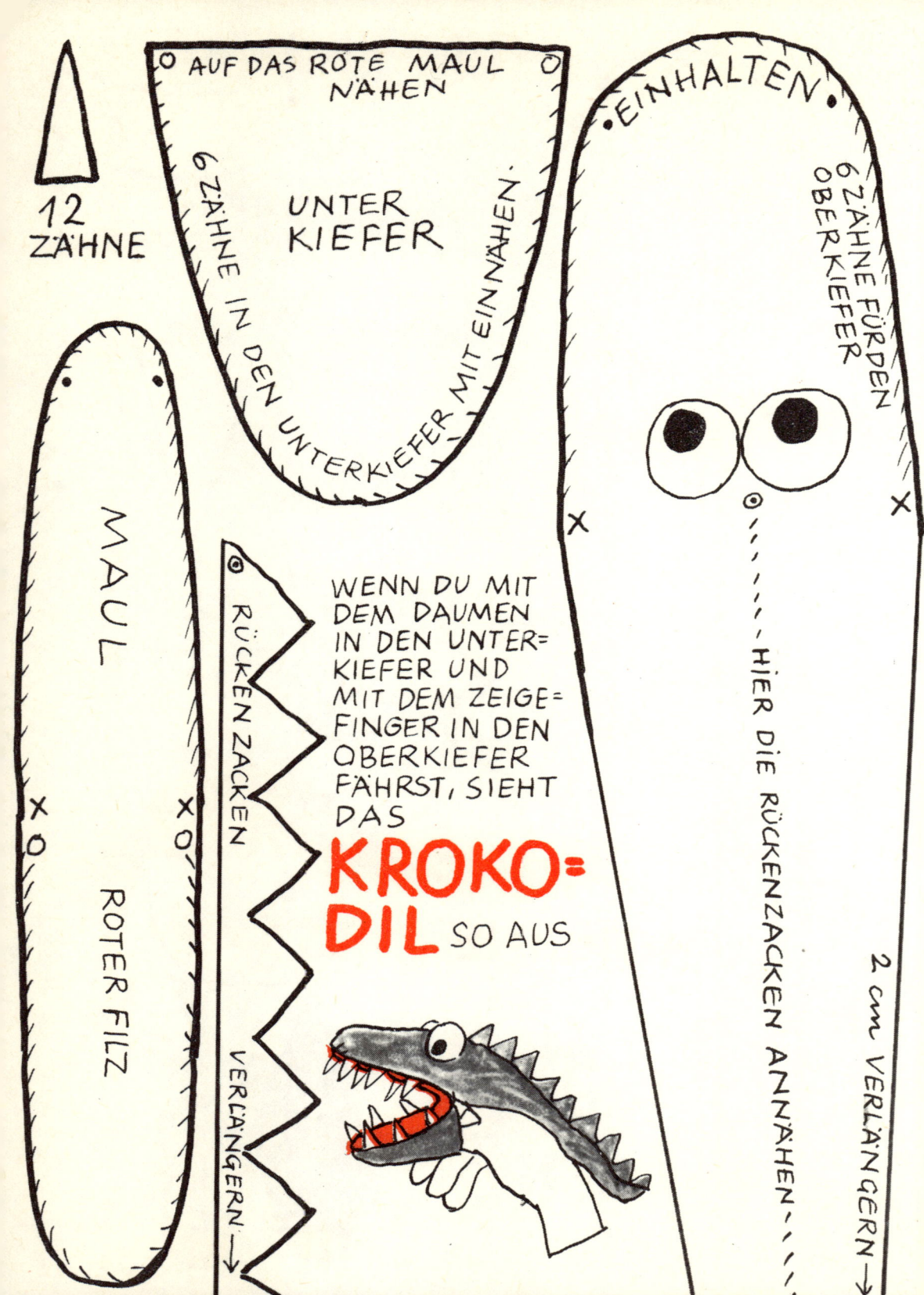

Kehraus

Alle gehen jetzt nach Haus',
das Krokodil, das kehrt noch aus.
Doch der Herr Direktor spricht:
„Mit dem Pinsel kehrt man nicht!"

Das Fingeralphabet

A – B – C
die Katze lief im ... (Schnee)
D – E – F
wie schön, daß ich dich ... (treff)
G – H – I
der Hahn schreit ... (Kikeriki)
J – K – L
die Schnellbahn die fährt ... (schnell)
M – N – O
da bin ich aber ... (froh)
P – Q – R
da sitzt ein dicker ... (Herr)
S – T – U
die Milch kommt von der ... (Kuh)
U – V – X
davon versteh ich ... (nix)
Y und Z
das war das ... (Alphabet)

Wozu braucht man das Fingeralphabet?

Zur letzten Rettung verzweifelter Prüflinge, die an der Tafel stehen?
Zur Verständigung, wenn man vor Zahnweh nicht den Mund aufbringt?
Zur Übermittlung wichtiger Nachrichten durch geschlossene Fenster?
Fingerredewettbewerb?
Finger-Stille-Post?
Und wozu noch?

Feuer Feuer

Feuer Feuer
s'brennt es brennt

kommt der Wind
facht es an

kommt der Regen
löscht es aus

Zwei Hände. Eine Hand hält die Finger nach oben flackernd als Feuer. Zweite Hand kommt flach von der Seite mit weiter Armbewegung als Wind, das Feuer flackert heftiger. Dann kommt die zweite Hand von oben, die Finger nach unten gerichtet und flatternd als Regen. Sie bleibt oberhalb des Feuers, das Feuerflackern der Hand unten erlischt langsam, während es weiterregnet. Siehe dazu auch auf Seite 143.

Gänseblümchen und Sonnenblume

Wenn das Gänseblümchen
hoch zur Sonnenblume schaut
denkt es:
Nein — wie die sich wachsen traut!

Siehe dazu auch auf Seite 144.

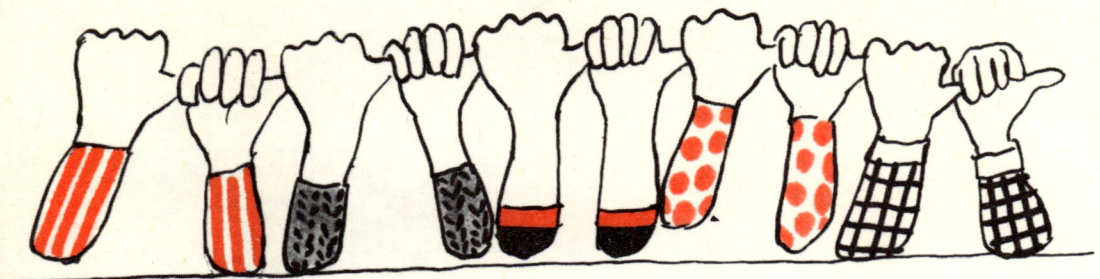

Tausendfüßler-Eisenbahn

Tausendfüßler Krabbelbein
dreht sich um — was soll das sein?
Tausendfüßler — schau nur an —
ist jetzt eine Eisenbahn

Eisenbahn

Eisenbahn Eisenbahn
Lokomotiv,
wenn sie nicht weiterkann
macht sie ein' Pfiff!

Ich fahr mit der Eisenbahn
wieder zurück!
Ah schau, da bist du ja!
So ein Glück!

Eisenbahn Eisenbahn ... Flache Hände (wie beim Daumendrehen) umeinander bewegt,
zweite Strophe in entgegengesetzter Richtung. Bei Pfiff beide Arme hochstrecken.
Zweite Strophe große Wiedersehensumarmung. Wenns nur einer spielt, kreuzt er die Arme
selber über Brust und Schultern. Siehe dazu auch auf Seite 141.

Apfelbaum schütteln

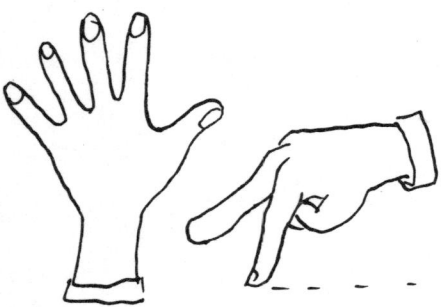

Wir gehen in den Garten
da steht ein Apfelbaum.

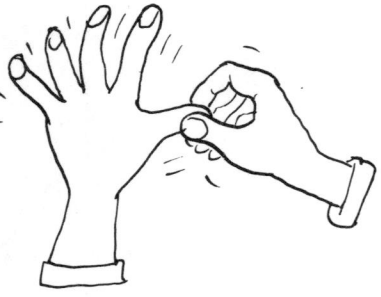

Wir schütteln ihn
wir rütteln ihn —

Halt schnell die Schürze auf!

Plumps, da ist der Apfel.

Zwei Finger wandern in den Garten. Dort steht, flach gereckt, leicht gespreizt die andere Hand als Apfelbaum. Die Wander-Hand packt die Baum-Hand am Daumen und rüttelt daran. Darauf verwandelt sie sich schnell (nach oben gewölbt) in die Schürze und fängt den Apfel (die nun zur Faust geballte Apfelbaum-Hand) auf. Siehe dazu auch auf Seite 144.

Die Raupe

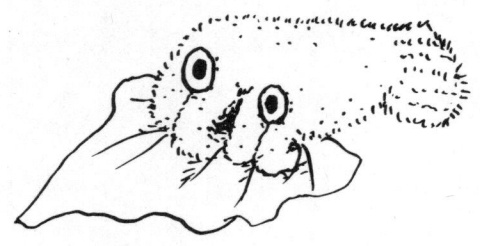

Die Raupe frißt die Raupe frißt
bis sie ganz dick gefressen ist,
und dann spinnt sich die Raupe ein.
Was wird jetzt mit der Raupe sein?
Sie liegt ganz still sie liegt ganz still
weil sie ein Weilchen schlafen will.
Aber dann — aber dann —
schau dir die Raupe an —
Was die sich alles traut!
Sie schlüpft aus ihrer Haut —

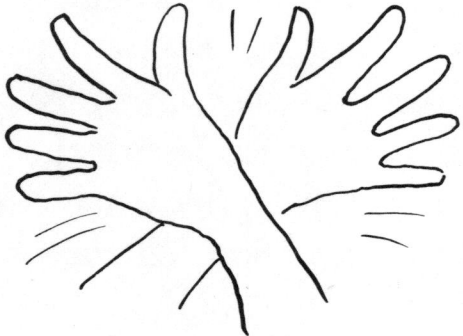

und fliegt
als Schmetterling fort!

Spiel für zwei Hände. Eine Hand in einem Handschuh mit Augen. Sie frißt Papier oder ein Tuch. Beim Ausschlüpfen verläßt sie den Handschuh. Beide Hände, Handgelenke aneinander, flattern als Schmetterling fort. Siehe dazu auch auf Seite 146.

Das alles kannst du auch

Der Vater kämmt die Katzen
die Mutter flickt den Fahrradschlauch
der Lehrbub schneidet Glatzen
das alles kann ich auch.

Die Maus hebt ihre Tatzen
der Opa gießt den Rosenstrauch
die Oma füttert Spatzen
das alles kann ich auch.

Der Affe will sich kratzen
der Auspuff sagt ganz leise pfauch
der Luftballon will platzen
das alles kann ich auch.

Der Lausbub schneidet Fratzen
der dicke Koch streicht sich den Bauch
der Hund fängt einen Ratzen
das alles kann ich auch.

Wems schmeckt, der möchte schmatzen
die alte Eisenbahn spuckt Rauch
der Wurm plauscht mit dem Gartenschlauch

wers glaubt, zahlt einen Batzen.
Das alles kann ich auch.

(Nach Belieben zu verändern. Also zum Beispiel:)

Der Vater füttert Spatzen
der Luftballon streicht sich den Bauch
der Gartenschlauch will platzen
der Auspuff kann das auch.

(oder:)

Der Hund zahlt einen Batzen
die Maus, die gießt den Rosenstrauch
der Opa schneidet Glatzen
der Wurm sagt leise pfauch
die Katze kann das auch.

Brillen probieren

Wenn ich durch die Brille schau
seh ich alles ganz genau!
Aber leider, zu Gesicht
steht mir diese Brille nicht.
Diese Brille ist zu rund,
diese Brille ist zu schmal —
haben Sie sie nicht oval?
Diese Brille da ist schön!
Danke sehr! Auf Wiedersehn!

Siehe dazu auch auf Seite 148.

Das Schachterltheater

Eine leere Streichholzschachtel, bunt beklebt, zwei Holzstäbchen (Schaschlikstäbchen), die durch eine Schmalseite des Schachtelinneren gebohrt werden. Holzperlen oder Styroporkugeln als Köpfe, Gewand aus Stoff (haltbarer als Papier). Kasperl, Krokodil, Prinz, Prinzessin, Zauberer und andere Leute können im Schachterltheater auftreten und miteinander und mit dem Zuschauer, der ja selbst Puppenführer ist, — wenn nötig in einer stillen Ecke ungestört und von anderen ungehört — plaudern.

Hasenfangen

Einer der ist fortgegangen
wollte einen Hasen fangen
wo fängt er denn den Hasen?
Zwick —
auf der Nasen!

Siehe dazu auch auf Seite 147.

Das Zwirbelkino

Der Rollerfahrer

**Mauseloch
bei Regen**

**Der Tanz auf
dem Rüssel**

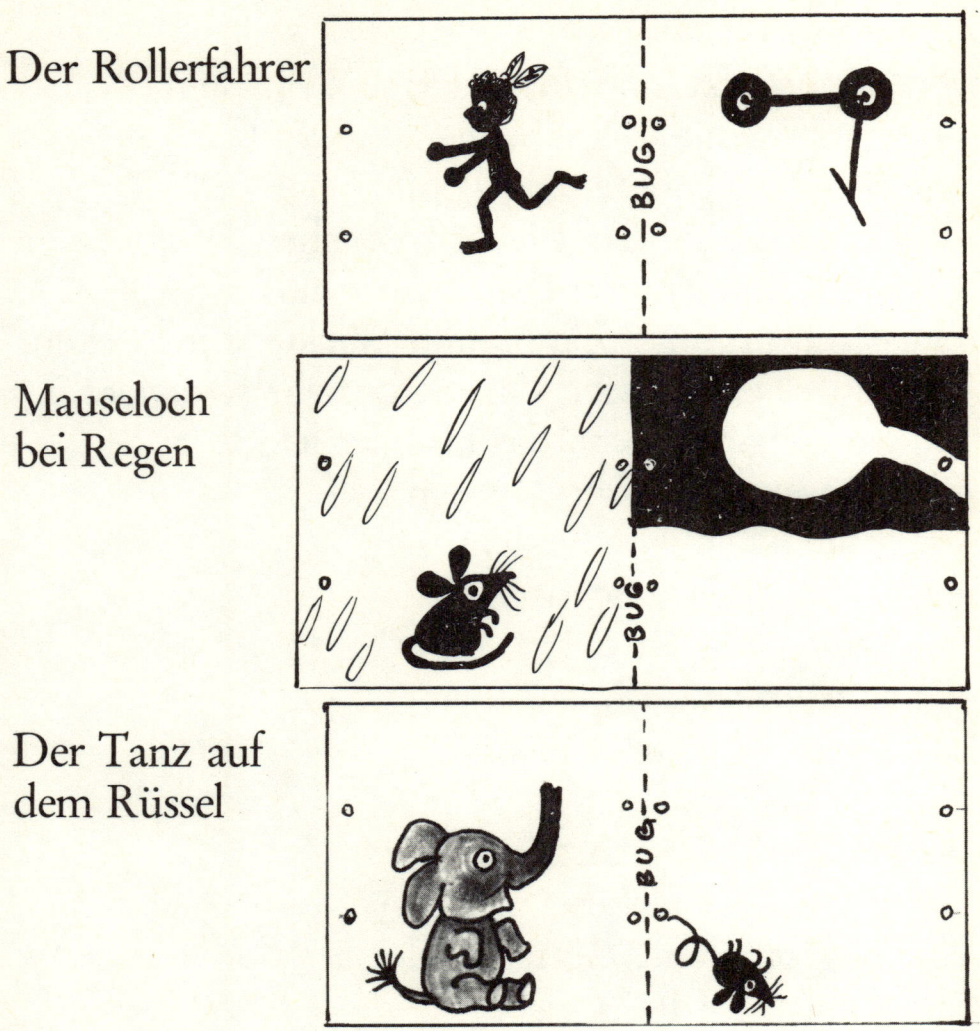

Die Bildchen abpausen oder abmalen, eventuell mit Karton verstärken. Am Bug falten, zusammenkleben, seitlich je zwei Löcher für die Fäden stechen. Zwischen Daumen und Zeigefinger beider Hände zwirbeln. So entsteht jeweils aus beiden Einzelbildern durch die rasche Drehung ein vollständiges Gesamtbild. Selbstverständlich kann man selber ähnliche „Filme" für das Zwirbelkino erfinden und basteln. Siehe dazu auch auf Seite 147.

Flohmarkt

Am Flohmarkt gibts keine Flöhe zu kaufen
aber ganz wunderbare Sachen:
alte Schuhe, Knöpfe und Töpfe
und zwei Bären, die Bücher bewachen.
Da gibts alte Platten neben den Socken,
einen Kamm ohne Zähne und Wickler für Locken.
Da gibt es ein Messer, das nicht mehr schneidet,
ein altes Sparschwein, das Hunger leidet,
fünf Dosendeckel ohne Dosen,
ein Sträußchen rosa Seidenrosen,
eine grünglasierte Schüssel,
Elefanten ohne Rüssel,
ein altes Dreirad ohne Räder
und einen Hut mit Geierfeder.

Sieben alte Zauberbärte
stehn in einem blauen Glas,
eine abgebrochene Gerte,
eine Schere für das Gras ...
Wer braucht alte Suppennudeln?
Wer den Besen ohne Haar?
Wer den Polster mit drei Pudeln?
Irgendwer — das ist ist doch klar!

Mit dem Geld, das wir da kriegen
kaufen wir für Kinder ein:
Holzbaukasten, Puppenwiegen
und ein dickes rosa Schwein.
Und der Hahn im Kindergarten,
nämlich unser Wasserhahn,
soll ein neues Becken kriegen.

Sterntaler

Es war ein kleines Mädchen
das war ganz allein auf der Welt.
Es hatte kein Bett, es hatte kein Haus
und es hatte auch kein Geld.

Da dachte das kleine Mädchen:
Was soll ich so allein?
Es nahm sein letztes Stückchen Brot
und ging in die Welt hinein.

Da kam ihm ein Mann entgegen
der war vor Hunger halb tot.
Da gab ihm das kleine Mädchen
sein letztes Stückchen Brot.

Dann kam ein graues Weiblein
mit einem mageren Zopf
dem schenkte das kleine Mädchen
seine Mütze für den Kopf.

Da kam ein kleines Kindchen
das sprach: ich frier so sehr.

Da schenkte das kleine Mädchen
sein letztes Hemdchen her.

Da kam ein Stern vom Himmel
der sagte: ich hab dich gern.
Er nahm das Mädchen an der Hand
da wurde es auch ein Stern.

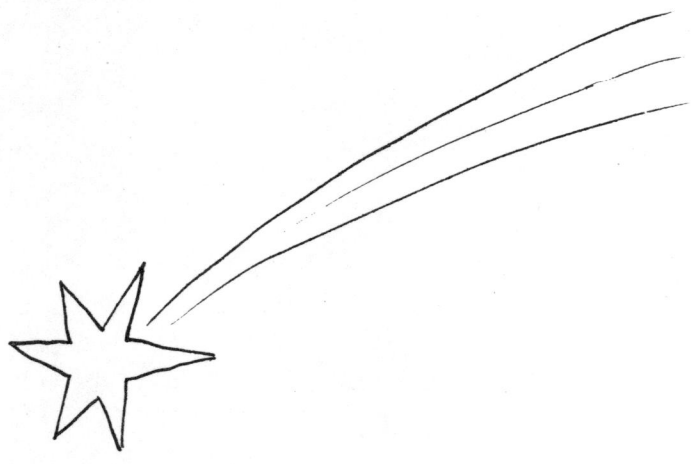

Ein Spiel für zwei Hände, für Kinder oder als Ballade mit Gitarre und stummem Spiel von
Kindern oder Puppen. Beim Spiel für zwei Hände: Eine Hand ist immer das Mädchen, die
zweite Hand ist alle anderen handelnden Personen. Wenn das Sterntalermädchen Brot, Mütze
und Hemd hergegeben hat, streckt sich die zweite Hand hoch zum Stern, kommt dann von
oben, faßt die Sterntalermädchen-Hand und hebt sie hoch. Bei erhobenen Armen spreizen
sich nun beide Hände zu Sternen. Das Mädchen ist ein Stern geworden. Siehe zum Basteln die
Künstlergarderobe auf Seite 129.

Schneemann-Bauen

(Die beiden „Wolken", zwei hoch über dem Kopf erhobene Fäuste, sprechen)

Wolken: Wir sind zwei dicke Wolken
und stecken voller Schnee.
Der Schnee, der soll jetzt schneien
hinunter von der Höh.

(Die Fäuste öffnen sich und wedeln oben mit den Fingern.)

Wir schneien wir schneien
wir schneien wir schneien . . .
So viel Schnee!
Jetzt wollen wir einen Schneemann bauen!

(beide Fäuste hinunter)

1. Faust: *(auf den Tisch)*
Da ist der dicke Bauch.

2. Faust: Da ist der Kopf.

(Die zweite Faust legt sich auf die erste Faust und der Daumen der zweiten Faust streckt sich zwischen den Fingern heraus:)

Und da ist die Nase!

Man kann für kleinere Kinder das Schneemannbauen als eigenes Spiel allein spielen. Also beginnen mit: Wir wollen einen Schneemann bauen. Siehe dazu auch auf Seite 147.

Mit dir

Mit dir würde ich
    über das Wasser gehen
wenn du mir die Hand gibst
    und sagst: Komm!
Mit dir würde ich
    über das Wasser gehen
nach Amerika oder Indien
    zu Fuß
über das Wasser, und ich glaube
    wir sind schon unterwegs —

Kleine Laterne

Laternchen Latern
bist ein winziger Stern —
Ich trag dich nach Haus.
Bitte geh mir nicht aus!

Martin

Ein armer alter Bettler
saß vor der Stadt am Tor.
Der Winterwind blies bitterkalt.
Der Bettler saß und fror.

Da kam ein junger Reiter
auf einem weißen Pferd,
der hatt' einen warmen Mantel
und hatt' ein scharfes Schwert.

„Du junger stolzer Reiter
weißt nicht, wie die Kälte tut!
Du hast einen warmen Mantel,
der Mantel wärmt dich gut."

Der Reiter sah den Bettler,
der frierend saß am Tor.
Da hielt er an sein weißes Pferd
und zog sein Schwert hervor.

„Du junger stolzer Reiter,
ach bitte, töt mich nicht!
Ich bin ja nur ein Bettler,
der aus dem Weg dir kriecht."

Da sprach der junge Reiter
auf seinem Pferde weiß:
„Hab keine Angst, ich tu dir nichts,
so wahr ich Martin heiß.

Du sollst nicht Kälte leiden,
du bist mein Bruder wert.
Ich will meinen Mantel zerschneiden
mit meinem scharfen Schwert."

Er hat den Mantel zerschnitten,
er gab dem Bettler ein' Teil.
Dann ist er fortgeritten
im Schnee mit Windeseil.

Der Bettler kroch in sein Mantelstück
wie in ein warmes Haus,
der junge Reiter Martin
ritt in die Kälte hinaus.

Er ritt, erzählt man, zum Kaiser
und gab ihm das Schwert zurück.
„Ich will nicht mehr kämpfen und siegen,
ich will nicht mehr töten und kriegen,
ich will ein Hirte werden

für all meine armen Brüder auf Erden."

Nikolaus-Spielen

Die Schlafmaus spielt heut Nikolaus,
das Krokodil teilt alles aus:
Da hast du, da hast du, da hast du auch etwas!
Keks und Nüsse, Zuckerkandel,
eine Zwetschke, eine Mandel,
bitte Krokodil
gib mir noch recht viel!

Da sagt der Schlafmaus-Nikolaus:

Wir müssen weiter um ein Haus,
denn andre wollen auch noch was!
Auf Wiedersehn, auf Wiedersehn,
wir müssen wirklich gehn!

(beide winkend ab)

Die Hand schlüpft diesmal verkehrt in die Schlafmauspuppe, nämlich so, daß kleiner Finger
und Daumen nach hinten greifen und dort einen Joghurtbecher oder etwas dergleichen als
Butte festhalten können, die die Schlafmaus somit auf dem Rücken trägt. Das Krokodil als
Begleiter entnimmt der Butte dann kleine Süßigkeiten und teilt sie an die Zuschauer aus. Siehe
dazu auch auf Seite 145.

Was schenken wir dem Nikolaus?

Der Nikolaus kommt heut ins Haus
mit Äpfeln und mit Nüssen
er teilt nur immer Gaben aus
was schenken *wir* dem Nikolaus
das möcht ich gerne wissen.

Ich zeichne ihm ein Schlittenpferd
zum auf dem Himmel Fliegen
doch wenn er lieber Schlitten fährt
dann soll er einen kriegen.

Ich back ihm einen Weihnachtsbaum
mit bunten Zuckerherzen
mit Engelshaar aus Zuckerschaum
und vielen Mandelkerzen.

Ich näh ihm Schuhe, rot und weich
voll Watte bei den Zehen
damit wird er, das sag ich euch
ganz wie auf Wolken gehen.

Und was wird deine Gabe sein?
Warum bist du so stumm?
Ich glaub, dir fällt wohl gar nichts ein
du bist ein bißchen dumm.

Ich bin nicht dumm, ich denk nur nach
denk mich ins Nachbarhaus
dort sitzt Frau Meier alt und schwach
dort spiel ich Nikolaus.

Ich zeichne ihr ein Schlittenpferd
zum auf dem Himmel Fliegen

doch wenn sie lieber Schlitten fährt
dann soll sie einen kriegen.

Ich back ihr einen Weihnachtsbaum
mit bunten Zuckerherzen
mit Engelshaar aus Zuckerschaum
und vielen Mandelkerzen.

Ich näh ihr Schuhe, rot und weich
voll Watte bei den Zehen
damit wird sie, das sag ich euch
ganz wie auf Wolken gehen.

Und was wird eure Gabe sein?
Warum seid ihr so stumm?
Ich glaub, euch fällt wohl gar nichts ein
ihr seid ein bißchen dumm.

Wir sind nicht dumm, wir denken nach
du hast wohl wirklich recht
wir kommen mit ins Nachbarhaus
wir glauben daß der Nikolaus
sich drüber freuen möcht —

Ps-ps-ps-ps

Wenn du mir einen langen Bart anklebst, Susi, glaubst du,
   kann ich dann auch als Nikolaus gehen?

Leg deine Wange

Leg deine Wange in meine Hand
schau — so —

die Hand ist meine
die Wange ist deine
jetzt sind wir zwei nicht mehr alleine.

Mit der bloßen Hand

Der Hahn kräht
der Wind weht
er weht die Blätter
vom Baum …

Das haben wir mit den Händen gemacht.
Hättest du das gedacht?

Die Hand in Erdfarbentopf tauchen und entweder ganz (Blätter, Blüten, Körperteil usw.) oder nur einzelne Finger auf Packpapier aufdrucken.

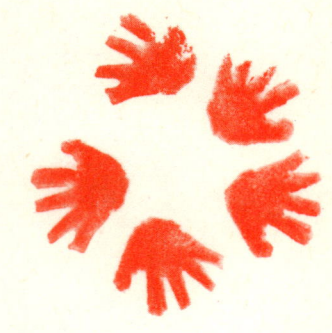

Hand

Finger

123

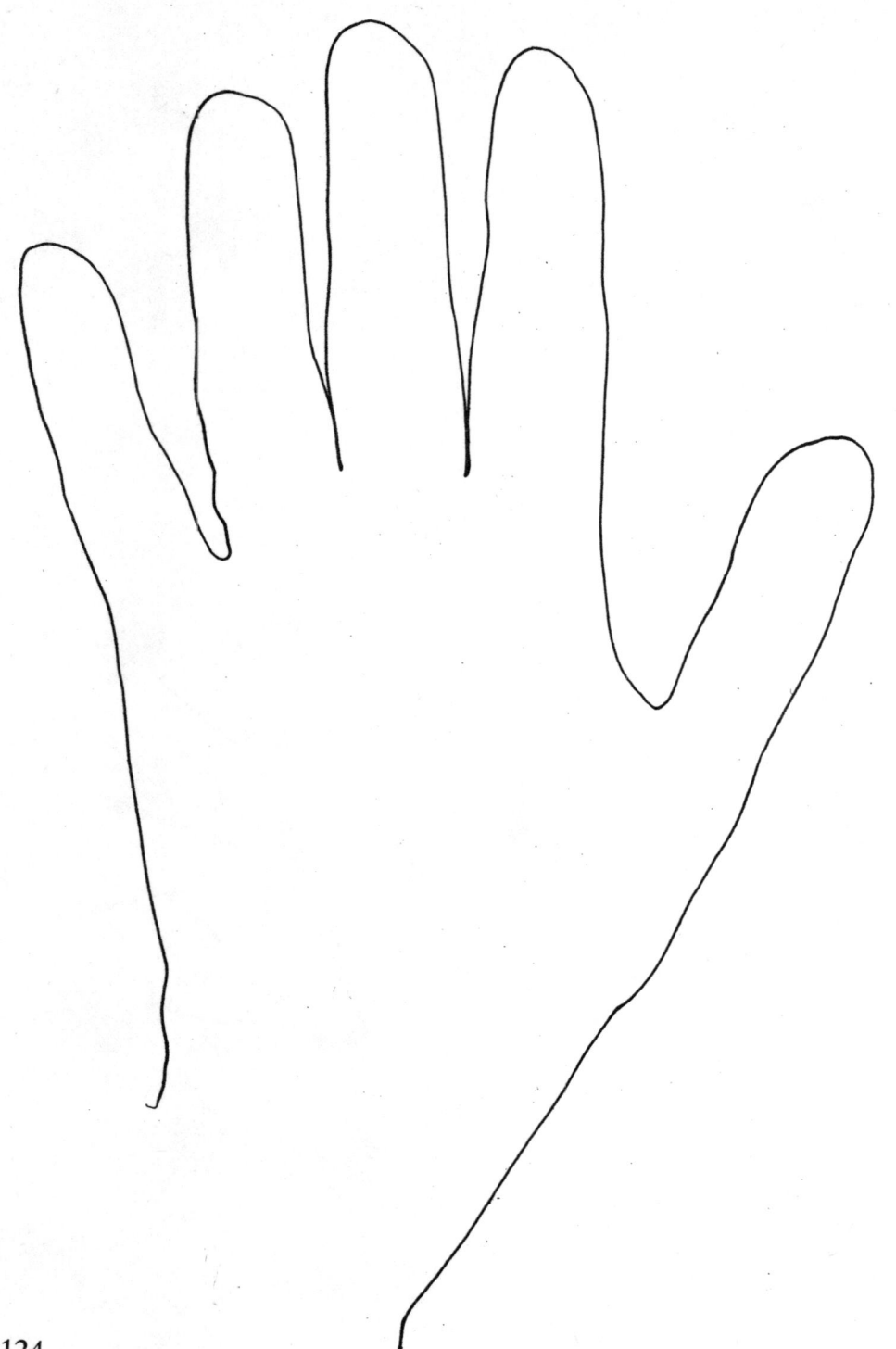

Die Hand liegt auf dem Tisch

Die Hand liegt auf dem Tisch —
da kommt ein kleiner Fisch,
der schwimmt die ganze Hand entlang …
er schwimmt um den kleinen Finger,
um den Ringfinger,
jetzt schwimmt er um den Mittelfinger
und um den Zeigefinger,
zuletzt schwimmt er um den Daumen herum …
dann springt der Fisch übers Land —
das ist doch allerhand!

Spiel für viele Kinderhände. Mit dem Finger oder einem Bleistift werden die Konturen der Hand nachgezogen. Bei „springt übers Land", springt der Finger (oder Bleistift) über den Handrücken zum Ausgangspunkt zurück. Man kann die gezeichneten Hände (eventuell mit dem Namen der Kinder versehen) auch ausschneiden und auf große Bogen Packpapier zu Figuren und ganzen Bildern zusammenfügen. Siehe dazu auch auf Seite 148.

Theater vor der Faust

*(Eine nicht ganz fest geschlossene Faust, durch die man wie durch ein Fern-
rohr durchguckt. Vor dem Fernrohr spielt die zweite Hand Theater.)*

Was seh ich da, was seh ich da,
da kommt ein kleiner Dicker.
   Ich bin der Daumen!
   Ich bin der, der die Pflaumen schüttelt!
   Auf Wiedersehn, ich muß schon wieder gehn!
Was seh ich da, was seh ich da
da kommt ein langer Dünner.
   Ich bin der Zeigefinger.
   Ich kann zeigen
   und mich verbeugen.
   Auf Wiedersehn, ich muß schon wieder gehn.
Was seh ich da, was seh ich da
da kommt doch der Dritte!
   Ich sitz in der Mitte.
   Auf Wiedersehn, ich muß schon wieder gehn.

Was seh ich da, was seh ich da
da kommt der mit dem Ring!
Ich trag den Ring um meinen Bauch
weil ich doch einen Gürtel brauch.
Auf Wiedersehn, ich muß schon wieder gehn.
Was seh ich da, was seh ich da
Stutzel, wer bist denn du?
Ich bin der Theaterdirektor
und sperr das Theater zu.

(Der Stutzel fährt in das Loch in der Faust, so daß man nicht mehr durchsieht.)

Siehe dazu auch auf Seite 141.

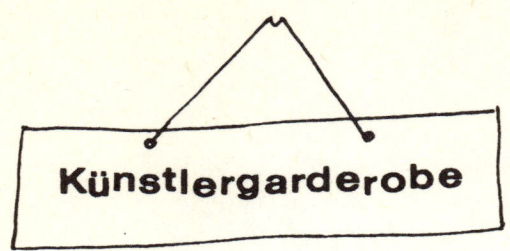

Künstlergarderobe

LAMM

Anregungen für das Kleben oder Nähen
von Fingerpuppen aus Papier und Filz.

ESEL

KOPF
AUF-
KLEBEN

PAPIER STANITZEL

DIE HEILIGEN 3 KÖNIGE

OCHSE

MARIA   JOSEF

WIRTIN

WIRT

HIRTE

ENGEL

FLÜGEL

128

WICHTEL

FINGERHUT

KLEID

STOFF FETZERL

LOCH FÜR DAUMEN (RECHTE) HAND

BROT

MITTELFINGER (LINKE) HAND

LOCH FÜR ZEIGE= FINGER (KOPF)

STERNTHALER MÄDCHEN

BUG

MÜTZE

WICHTEL NACH **HOPS** SCHNITT

FINGERLING GRÜN

WIE FÜR DIE SCHNEEFLOCKEN.

TANNENBAUM

HASE

FINGER= LING FÜR DIE SCHNEEFLOCKEN

PAPIERSTANITZEL KANN MAN MIT BUNTPAPIEREN VERSCHÖNERN - UND ERWEITERN

Herbergsspiel

Es schneit
es schneit
es schneit

(5 Finger, oder mehr, jeder Finger als Schneeflocke verkleidet, bewegen sich)

Da gehn zwei arme Leut

(Zeige- und Mittelfinger aus der Faust hochgestreckt, bewegen sich. Der Daumen ist noch unter dem Ringfinger und dem kleinen Finger versteckt.)

Es schneit
es schneit
es schneit

(wie oben)

Da gehn zwei arme Leut   (wie oben)
sie kommen vor ein großes Tor
da schaut ein dicker Wirt hervor

Guten Tag guten Tag
was wünschen Sie?

(der Daumen einer anderen Hand verbeugt sich mehrmals)

Ein Bett ein Bett
bis morgen früh

(die zwei Finger wackeln)

Habt ihr denn Geld?

(der Daumen wackelt)

Ach nein
ach nein   (die zwei Finger wackeln)

Dann dürft ihr mir nicht
ins Haus herein!   (Daumen wackelt und ab)

Es schneit
es schneit   (wie zuvor)
es schneit

Da gehn zwei arme Leut

Es schneit
es schneit   (wie zuvor)
es schneit

Da gehn zwei arme Leut   (wie zuvor)
sie kommen vor ein großes Tor
da schaut eine dicke Wirtin hervor

Guten Tag guten Tag   (Daumen einer anderen Hand, mit
was wünschen Sie?   Kopftuch, verbeugt sich)

Ein Bett ein Bett
bis morgen früh   (die zwei Finger wie zuvor)

Habt ihr denn Geld? (Daumen wie zuvor)

Ach nein
ach nein (die zwei Finger wie zuvor)

Dann dürft ihr mir nicht
ins Haus herein (Daumen wackelt, ab)

Es schneit
es schneit (Hände mit Schneeflocken wie zuvor)
es schneit

Da gehn zwei arme Leut
Sie kommen vor ein kleines Tor
Ochs und Esel schaun hervor (andere zwei Finger, die abwechselnd
wackeln)
i-ah i-ah
muh - muh
Kommt her, hier habt ihr Ruh!

Es schneit
es schneit (wie zuvor)
es schneit

Da stehn zwei arme Leut
Sie gehen in den Stall hinein (Schneeflockenhand legt sich nieder)
der Schnee hört auf zu schnein.

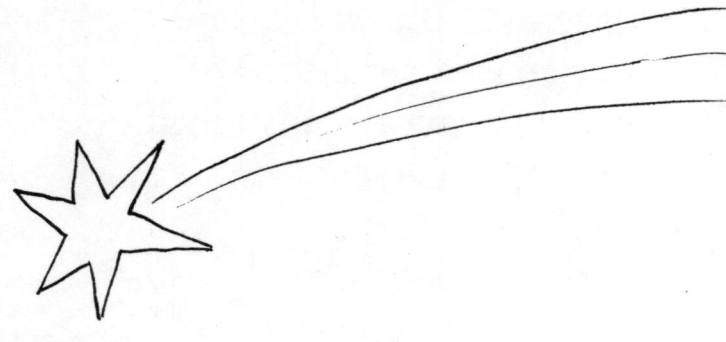

Jetzt kommen alle Engel
die fliegen auf das Dach.
Jetzt kommen alle Schafe
die Hirten hinten nach

(Scharen von Engel-Fingern, Hirten
und Schafen kommen geflogen und
gelaufen)

Die Engel freun sich und singen
herunter von der Höh,
die Schafe freun sich und springen
und schreien bäh bäh bäh.

Halleluja halleluja halleluja halleluja
bäh bäh bäh bäh bäh

(Großer Lärm
und Tumult)

Die Hirten stehn und fragen:
Was ist denn da geschehn?
Der Stern, der wird's uns sagen,
der Stern hat es gesehn.

Ein Kind ist uns geboren,
ein Kind ist uns geschenkt.
Kommt alle her
     und freut euch,
vergeßt nun, was euch kränkt.

(Dies sagt der Stern. Die zwei „armen
Leut" neigen sich über den zuvor
verdeckten und jetzt sichtbaren
Daumen, der als Wickelkind sichtbar
wird)

Halleluja halleluja
Friede auf Erden
Halleluja halleluja
Friede wird werden!

(Engelgesang. Die Engel-Finger
bewegen sich. Alle singen mit, danach,
alle, auch die Zuschauer:)

Ihr Kinderlein kommet . . .

Zur Gestaltung der Figuren siehe unter „Künstlergarderobe" auf Seite 128 f.

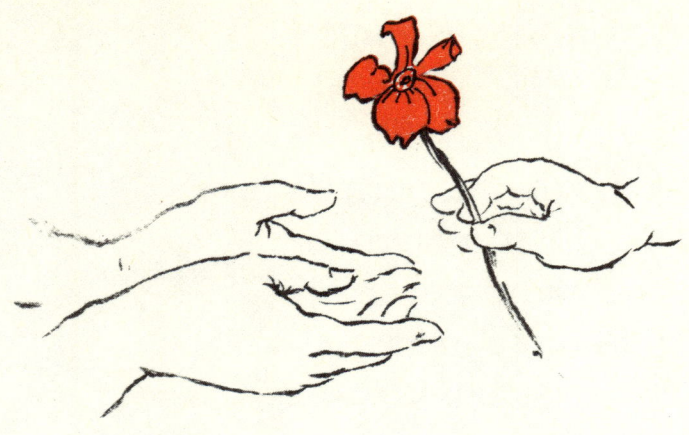

Das ist ein Korb

Das ist ein Korb
man kann Blumen hineintun oder Erdbeeren.
Das ist eine Schale,
daraus kann man wirklich Wasser trinken.
Gib mir deine Schale,
damit ich daraus trinken kann!

Korb: Hände verschränkt, Handflächen nach oben, die beiden Daumen zum Henkel geschlossen. Schale: beide Handflächen zusammen zur Schale gewölbt. Siehe dazu auch auf Seite 144.

Die heiligen drei Könige

Wir sind die drei heiligen Könige
und folgen unserm Stern
es ist uns vorausgezogen
über den Himmelsbogen.
Jetzt bleibt er stehn. Ganz fern!

Der Stern steht hoch am Himmel
und leuchtet hell und froh:
Kommt, ihr heiligen Könige,
da liegt ein Kind im Stroh!

Die Heiligen Könige kommen geschwind
und finden im Stroh ein kleines Kind.

Sie beugen sich nieder und beten es an

Und weil es schläft

gehn sie leise wieder fort.

Und der Stern leuchtet ihnen,
damit sie gut nachhause kommen.

Daumen, Zeigefinger und Mittelfinger einer Hand als Könige, sie können auch mit Fingerpuppen dargestellt sein. Die Finger bewegen sich, die Hand bewegt sie vorwärts. Der Stern ist
die gespreizte zweite Hand, der Arm ist hochgestreckt. Der Stern wird nicht „bekleidet", da er
sich bei „Kind im Stroh" aus einem Stern in eine Krippe verwandelt. (Offene Hand, leicht
gerundet, Finger leicht gebeugt.) Die Könige neigen sich über die Hand, dann gehn sie wieder.
Die Krippe wird wieder zum Stern, der ihnen auf dem Heimweg leuchtet. Zur Gestaltung der
Puppen siehe unter „Künstlergarderobe" auf Seite 128.

Manche beten so

Manche
beten
so

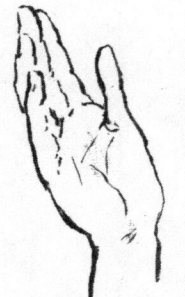

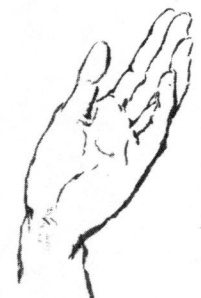

Manche beten so

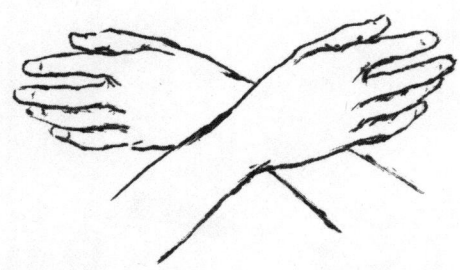

Die Menschen beten verschieden.
Aber alle beten um Frieden.

Vorschläge, wie man diese Spiele für HEILPÄDAGOGIK und BEWEGUNGS-THERAPIE verwenden kann

BLUMEN UND SONNE (Seite 70)

Spiel für eine Hand. Blumen und Gras: Isolierte Fingerbewegungen der gestreckten Finger bei gestrecktem Handgelenk. Dann Sonne: Arm hoch, Finger spreizen.

EINER WILL AUFSTEHN (Seite 42)

Spiel für zwei Hände. Isolierte Daumenstreckung aus der Faust.

BLUME IM TOPF (Seite 60)

Spiel für zwei Hände. Eine Hand: Faust mit isolierter Zeigefingerstreckung und -beugung. Andere Hand: Isolierte Daumenstreckung aus der Faust.

EISENBAHN (Seite 95)

Rhythmische Koordination beider Arme. Bei „nicht weiterkann": Unterarme aufeinander oder auf den Tisch legen. (Entspannung *vor* der freudigen Spannung.) „Pfiff": Arme hoch. Bei „Ah schau, da bist du ja!" Arme seitlich ausbreiten.

ICH BIN EIN DAUM (Seite 45)

Spiel für zwei Hände. Isolierte Daumenstreckung, rasches Greifen, beidhändige Koordination. Arme hochnehmen im Schultergelenk.

THEATER VOR DER FAUST (Seite 126)

Spiel für zwei Hände. Zusammenspiel von gezieltem Schauen und Fingerbewegungen. (Visuomotorische Koordination und Kopfkontrolle.) Isolierte Streckung und Beugung einzelner Finger.

ES SITZEN DA ZWEI HASEN (Seite 33)

Spiel für beide Hände. Isolierte Zeige- und Mitelfingerstreckung bei aufgestellten oder aufrecht gehaltenen Unterarmen. Symmetrische Bewegungen.

GUTEN TAG HERR NACHBAR (Seite 46)

Spiel für zwei Hände. Bilaterale, symmetrische Koordination. Fäuste, isoliertes Abspreizen der Daumen nach oben. Abgrund: In dieser Stellung beide Daumen nach unten drehen (Unterarmpronation). Brücke: die Finger beider Hände werden gespreizt und waagrecht ineinandergeschoben. Dach: flache Hände mit Fingerspitzen aneinander formen ein Dach.

KLEINES FRÜHLINGS-HUPF- UND -SINGSPIEL (Seite 27)

Spiel für beide Hände. Es geht um raschen Wechsel von Handbewegungen. Flattern: Isolierte Streckung und Beugung der Handgelenke. Singen: eine Handfläche nach oben gedreht, Hände flach aufeinanderlegen, schnabelartig öffnen und schließen. Quaken: rasches Öffnen und Schließen der Fäuste bei weggestreckten Daumen. Springen: federndes Abschnellen der geöffneten Hände vom Tisch oder von den Oberschenkeln. Storchengeklapper: Arme wie Riesenschnabel aneinandergelegt. Für den unteren Arm ist das eine Außendrehung und zur Körpermitte-Führen vom Schultergelenk aus.

DAS OSTERLAMM (Seite 31)

Spiel für zwei Hände. Von einer Seite kommt eine Hand als Lamm, kuschelt sich ins Gras (d. h., sie bleibt ruhig auf dem Tisch liegen). Zweite Hand: zuerst schwingt sie mit hängendem Handgelenk als Glocke in der Luft. Dann streichelt sie das Lamm (die liegende Hand).

WATSCHELTANZ DER GÄNSE (Seite 26)

Rhythmisches Aufpatschen beider Hände, gegengleich. Schnattern: Spitzgriff mit sich vorbewegenden Händen, Spitzgriff öffnen und schließen. Flattern: Handgelenke beugen und strecken, eventuell Arme dabei in der Luft bewegen. „Ei ei ei": ein unsichtbares Ei streicheln.

IGELSPIEGEL (Seite 14)

Spiel für zwei Hände. Isolierte Fingerbewegungen bei gestreckten Handgelenken und Fingern, Unterarme dabei aufrecht zueinander gedreht.

HEUTE GIBT ES REGENWETTER (Seite 32)

Spiel für zwei Hände. Blume: Spitzgriff und Spreizen bei nach oben gedrehter Handfläche. Der andere Arm gehoben. Regen: Isolierte Fingerbewegungen bei leicht gebeugtem Handgelenk. Sonne: Fingerspreizen bei gestrecktem Handgelenk.

WINK SCHMETTERLING (Seite 75)

Spiel für zwei Hände. Symmetrisches, gleichzeitiges Beugen und Strecken der Handgelenke bei gestreckten Fingern. Handgelenke überkreuzt.

INDIANERSPIEL (Seite 11)

Spiel für zwei Hände. Indianer: Unterarm aufrecht, Finger gestreckt, isolierte Fingerbewegungen. Weiße: gegenüber ebenso. Schlagen: geöffnete Hände aufeinanderklatschen. Vertragen: Finger verschränken. Günstig für beidhändige Koordination, Fingerspreizen aber auch für allgemeine Körpersymmetrie bei Bewegungsgestörten. Symmetrische Bewegungen.

FEUER FEUER (Seite 92)

Spiel für beide Hände. Eine Handfläche nach oben gedreht. (Ellbogenreflexion ca. 90 Grad, Unterarm supiniert.) Anderer Arm vom Schultergelenk aus hochgehoben. Isolierte Fingerbewegungen, schwierige Koordination, Konzentration.

DER DICKE IST AM FUSSBALLPLATZ (Seite 44)

Spiel für eine Hand. Isolierte Fingerbeugung. Unterarm aufrecht. Handfläche zum Körper gedreht (Unterarm supiniert).

MONTAG FÄNGT DIE WOCHE AN (Seite 40)

Spiel für zwei Hände. Geeignet für das isolierte Fingerstrecken und -spreizen bei aufrechten Unterarmen. Handinnenflächen zum Körper gedreht (Unterarme supiniert). Letzteres ist wichtig für alle beidhändigen Tätigkeiten.

KOMM GUT HEIM (Seite 39)

Spiel für zwei Hände. Geeignet für isolierte Handgelenk-Beugung und -Streckung und gegengleiche Bewegung vor allem in den Ellbogen (reziprokes Beugen und Strecken).

HÄNDEWASCHEN (Seite 9)

Vorschläge für Bewegungen zu den einzelnen Textstellen: „Händewaschen": Waschbewegung. — „nicht mag": mit Fäusten auf den Tisch klopfen. — „eine Weile": offene Hände nach außen und innen drehen und ansehen. — „heim und ist froh": Klatschen. — „Wasch dir die Pfoten!": mit dem Zigefinger drohen. — „gehört verboten": mit den Fäusten auf den Tisch klopfen.

DA GEHT EINER (Seite 43)

Spiel für eine Hand. Isolierte Zeige- und Mittelfingerbewegungen bei gebeugtem Handgelenk. Knien: Beugung der beiden Finger im Mittelgelenk. Niederlegen: Beugung im Fingergrundgelenk.

APFELBAUM SCHÜTTELN (Seite 96)

Spiel für zwei Hände. Erste Hand: Gehen: Isolierte Zeige- und Mittelfingerstreckung. Schürze: Handfläche nach oben drehen, Finger leicht gebeugt. Zweite Hand: Apfelbaum: Fingerspreizung. Apfel: Faust.

ICH HAB EINEN ELEFANTEN (Seite 12)

Spiel für zwei Hände. Besonders geeignet für Fixation des isoliert gestreckten Zeigefingers bei isolierten Bewegungen der übrigen Finger. Symmetrische Bewegungen.

DAS IST EIN KORB (Seite 135)

Spiel für zwei Hände. Korb: Verschränken beider Hände bei nach oben gedrehten Handflächen und Daumengegenüberstellung (Daumenopposition). Auch Einwärtsdrehung in der Schulter. Schale: Unterarme Außendrehung. Handgelenke zum Daumen abgewinkelt. (Verstärkung der Dorsalextension und v. a. Radialduktion im Handgelenk je näher die Schale beim Körper ist.)

GÄNSEBLÜMCHEN UND SONNENBLUME (Seite 93)

Spiel für zwei Hände. Gänseblümchen: Faust, kleiner Finger isoliert hochgestreckt. (Erste Hand.) — Sonnenblume: die zweite Hand hoch in der Luft, Hand leicht hängend, Finger gespreizt.

OSTERHASENNEST (Seite 28)

Spiel für zwei Hände. Blumen und Hasen: Isolierte Fingerbewegungen bei aufrecht gehaltenen, zueinandergedrehten Unterarmen und gestreckten Händen. Osternest: Finger werden rund gespreizt, Handgelenke stärker zum Handrücken abgebogen (starke Dorsalextension beider Handgelenke).

KROKUS (Seite 20)

Spiel für eine Hand. Folgende Bewegung wäre günstig: zuerst liegt die Faust wie eine Blumenzwiebel auf dem Tisch. Dann die Faust umdrehen, und langsam hochgehend öffnet sie sich zur Krokusblüte. Finger gestreckt, im Grundgelenk gebeugt, stehen in einem engen Kreis. (Verstärkte Daumenopposition.)

DER CLOWN (Seite 80)

Spiel für eine Hand. Isolierte Streckung von Daumen, Zeige- und Mittelfinger.

NIKOLAUS-SPIELEN (Seite 115)

Spiel für zwei Hände. Schlafmaus: Isoliertes Greifen und Festhalten mit Daumen und kleinem Finger. Krokodil: Pinzettengriff zwischen Daumen und Zeigefingerspitze.

DAS SPRINGINKERL (Seite 81)

Spiel für eine Hand. Weitere therapeutisch günstige Variation: mehr als drei Arme mit Perlen an dem Springinkerl anbringen. Durch rasches Hin- und Herdrehen des aufrecht gehaltenen Unterarms die Perlen aneinanderschlagen lassen. (Rascher Wechsel von Supination und Pronation.)

EIN WICHTELGESCHICHTEL (Seite 18)

Für zwei Hände. Beide Unterarme aufrecht, Hände (Fäuste) schauen zueinander. Erste Faust: Isoliertes Ausstrecken der Finger hintereinander zur Spreizstellung. Zweite Faust danach ebenso. Dann isolierte Fingerbewegungen bei gestreckter Finger- und Handgelenksstellung.

ZWERGBERG (Seite 70)

Spiel für eine Hand. Leicht gebeugter Zeige- und Mittelfinger, alternierende (Geh)Bewegung am anderen Arm hinauf.

WOLKENZUPFEN (Seite 77)

Spiel für beide Hände. Watte zerzupfen: Spitz- und Pinzettengriff. Drehen von Mäuseschwanz und Vogelschnabel: Drehbewegung zwischen Daumenspitze und Außenseite des Zeigefingers. Anspruchsvolle Feinmotorik. – Käfig: Unterarme und Handflächen zueinandergedreht, aufrecht gehalten, berühren sich nur an den Handwurzeln und den Spitzen der leicht gespreizten und rundgebogenen Finger. Schwierige Feinkoordination. – Wattevogel-Werfen: Reaktions- und Geschicklichkeitsübung. Nur für ältere Kinder und andere geschickte Leute.

DIE RAUPE (Seite 97)

Spiel für eine Hand. (Siehe auch: Kuh Luise.) Leichter als Kuh Luise, da bei der Raupe Unterarm und Hand auf Tisch oder Unterlage aufgelegt sind. Die Raupenhand zieht ein Tuch oder weiches Papier durch isoliertes Fingerbeugen und -strecken in die Faust. Schmetterling: Handgelenke kreuzen, Flatterbewegung, synchrones Beugen und Strecken der Handgelenke.

DIE KUH LUISE (Seite 21)

Spiel für eine Hand. (Siehe auch: Die Raupe frißt.) Feinmotorisch sehr schwierige Koordinationsübung, falls die Hand in der Luft frei gehalten wird, weil immer zwei bis drei Finger das Tuch halten und die andern es greifen (fressen) müssen, damit es nicht aus der Hand fällt. Günstige therapeutische Übung für leichte spastische Hemiparesen (halbseitige Bewegungsstörungen).

HEUT FANG ICH EINE WOLKE (Seite 24)

Spiel für großmotorische, weiche, koordinierte Armbewegungen und für Handbewegungen.

ZWEI HÄHNE (Seite 29)

Spiel für zwei Hände. Symmetrische Bewegungen. Beide Unterarme aufrecht zueinandergedreht. Pinzettengriff, der übergeht in den Zangengriff, 3., 4. und 5. Finger bleiben gestreckt und gespreizt. Ist eine wichtige Vorbereitung für viele feinmotorische Funktionen: z. B. Knöpfeln, Nähen, Schreiben etc.

DAS GESPENSTERL (Seite 56)

Spiel für zwei Hände. Großmotorische Armbewegungen bei aufrecht gehaltenem Zeigefinger. Wichtig für Koordination und Konzentration. Auch schon für kleinere Kinder geeignet.

146

DIE HAND LIEGT AUF DEM TISCH (Seite 125)

Das Nachfahren der Konturen der Hand mit Finger oder Bleistift ist eine äußerst wichtige Übung für bewegungsgestörte Kinder, damit sie lernen, mit einer flachgespreizten Hand z. B. ein Stück Papier (später Lineal) auf der Unterlage zu fixieren und mit der anderen Hand z. B. zu schreiben.

SCHNEEMANN-BAUEN (Seite 109)

Spiel für zwei Hände. Schnee: bei angehobenen Armen und gebeugten Handgelenken isolierte Fingerbewegungen. Schneemannbauen: Faustschluß, isolierte Daumenübung.

KUNSTREITER (Seite 38)

Dies ist auch eine Sprech- und Gedächtnisübung, eine konzentrierte Wiederholung im Fingerspiel, was man beim Reiten gelernt hat (Reittherapie!). Die beiden gespreizten Finger auf dem Handrücken (Zirkusreiter). Übungsvorschläge: Rechtes „Bein" zum linken schwingen, drehen, verkehrt setzen, hopp und hinunterspringen, wieder auf den Handrücken springen, oben stehen etc. Siehe auch „Grashüpfers Überstundenlied" (Kniereiterspiel).

GRASHÜPFERS ·ÜBERSTUNDENLIED (Seite 36)

Ist ein Kniereiterspiel. Zu allen Kniereiterspielen (z. B. Hoppareiter u. a.): das Kind sitzt auf den Knien des Erwachsenen, man gibt ihm die Hände zum Halten. Das Spiel kann an Schnelligkeit und Ausmaß der Bewegung variiert werden, sodaß das Kind das Festhalten, Kopfkontrolle und Gleichgewichtsreaktion übt. Muskeltonussteigerung durch rasche hüpfende Bewegungen und Entspannung im Rumpf, z. B. bei Spastikern durch sanfte alternierende Gehbewegung der Oberschenkel wie Pferd im Schritt.

HASENFANGEN (Seite 102)

Spiel für eine Hand. Alternierende Gehbewegung mit Zeige- und Mittelfinger den eigenen Körper oder den Körper des andern hinauf — „Zwick!": Nase zwischen den Mittelgelenken des Zeige- und Mittelfingers.

ZWIRBELKINO (Seite 102)

Spiel für zwei Hände. Schwierige, rasche, symmetrische Koordinationsübung zwischen Daumenspitze und Außenseite des Zeigefingers. (Zwirbeln der Fäden zu beiden Seiten des „Kino"bildchens.) Ist rascher Wechsel zwischen Zangen- und Schlüsselgriff.

JORINDE UND JORINGEL (Seite 62)

Ein Spiel für zwei (aber auch mehr) Hände. Vorschläge zur Verwendung in der Therapie:
1. Strophe: Zeige- und Mittelfinger (Jorinde und Joringel): isolierte Streckung, Unterarm aufrecht. Sie gehen auf die zweite Hand (Faust) zu. Die Faust ist das „Schloß".
2. Strophe: Isolierte Daumenstreckung aus der Faust (Zauberin kommt).
3. Strophe: Die „Schloßhand" packt den Mittelfinger der ersten Hand und umschließt ihn.
4. Strophe: Vogel: Isolierte Fingerbewegungen: Hand und Unterarm (waagrecht) der zweiten Hand in der Luft kreisend um den „versteinerten" Zeigefinger Joringel der ersten Hand.
5. Strophe: Neue Handstellung am Tisch (Unterlage): zwei Fäuste, geschlossene Finger nach oben. 1. Hand öffnet sich, Handfläche nach oben, zur Blume. 2. Hand fällt flach auf die Unterlage.
6. Strophe: Faust, aggressive Spreizbewegungen zur „Blume" hin. Unterarm waagrecht in der Luft, rascher Wechsel zwischen Faust und Finger-gespreizt-Strecken.
7. Strophe: Blumenhand wiegt sich sanft, „Zauberin" (2. Hand) ab.
8. Strophe: „bauten sich ein Haus": flache Hände zum Dach, zwei Daumen streicheln sich. „Viele Kinder": Isolierte Fingerbewegungen bei aufrechten Unterarmen.

BRILLEN PROBIEREN (Seite 100)

Spiel für zwei Hände. Visuomotorische Koordination. Symmetrisch. Verschiedene Brillenformen durch verschiedene Fingerstellungen.

MUTTERTAGSBUSSI (Seite 34)

Der Zangengriff zwischen Daumen und allen anderen Fingerspitzen ist wichtig für jede feinmotorische Greif- und Haltefunktion (also z. B. für das Schneiden, Nähen, Knöpfen usw.).

SCHNECK (Seite 71)

Hops: Alternierende Fingerbewegung für Zeige- und Mittelfinger. Schneck: Faustschluß und isolierte Streckung und Beugung von Zeige- und Mittelfinger.

DER KLEINE HOPS BEIM ZEBRASTREIFEN (Seite 9)

Für 2 Hände (1 oder 2 Personen). Ampelhand: starke Beugung im Handgelenk und Beugung der Finger sowie isolierte Beugung und Streckung von Zeige-, Mittel- und Ringfinger. Hops: Alternierende Gehbewegungen von Zeige- und Mittelfinger.

Friedl Hofbauer
FEDERBALL

180 Seiten, Pappband
ISBN 3-210-24.646-7

„Behindert ist, wer nicht lieben kann."

Der Roman „Federball" schildert die Liebesgeschichte zwischen zwei jungen Menschen, die einander beim Federballspielen kennenlernen. Mit dieser Handlung verflochten sind Schicksale anderer Menschen quer durch alle Altersstufen und sozialen Schichten.

Das Federballspiel verdeutlicht das Spannungsfeld menschlicher Erfahrungen. Die beiden jungen Hauptpersonen des Romans begegnen einem Behinderten. Zwischen diesem und dem Mädchen entwickelt sich eine Freundschaft, die beide verändert ...

Mit großer Sachkenntnis, was die Welt der Behinderten anlangt, vermittelt die bekannte Jugendbuchautorin einen Zugang zu diesen Problemen und animiert, sich bewußter und verantwortlicher zu engagieren.

Verlag Herder Wien · Freiburg · Basel

Von der Autorin dieses Buches ausgesucht und neu erzählt

99 MINUTENMÄRCHEN

Ausgewählt und neu erzählt von Käthe Recheis und Friedl Hofbauer

240 Seiten mit 49 einfarb. Abb. von Hans Grohé

10. Auflage, 1984, gebunden mit Schutzumschlag S 126,– / DM 18,80

Eine Sammlung von Märchen aus aller Welt, von zwei bekannten Jugendbuchautorinnen ausgewählt für Kinder ab 5 Jahren.
Auch als Gutenacht-Geschichten vorzüglich geeignet und dank des großen Schriftgrades auch Anfängern in der Lesekunst gewiß willkommen.

Ehrenliste zum Österreichischen Kinder- und Jugendbuchpreis 1977
Auswahlliste des Österreichischen Buchklubs der Jugend

333 MÄRCHENMINUTEN

Märchen aus aller Welt, neu erzählt von Käthe Recheis und Friedl Hofbauer

260 Seiten mit 18 einfarb. Abb. von Alicia Sancha

4. Auflage, 1984, gebunden mit Schutzumschlag, S 134,– / DM 18,80

Über 80 neu erzählte Märchen aus aller Welt, kurz und kindgemäß erzählt.
Das ideale Vorlese- und Geschenkbuch zu allen Anlässen.

Auswahlliste des
Österreichischen Buchklubs der Jugend

Verlag Herder Wien · Freiburg · Basel

DAS KINDERNEST

228 Seiten, Pappband, zahl-
reiche ein- und zweifarbige
Abbildungen,
S 198,—/DM 28,50

Ein Kinderbuch für Familie und Kindergarten, um mit den Kindern
darinnen zu blättern, vorzulesen, zu singen, zu spielen, zu lachen,
zu reden . . .

Die Wiener Kinderbuchautorengruppe:
Georg Bydlinski, Ernst A. Ekker, Wolf Harranth, Friedl Hofbauer,
Hilde Leiter, Mira Lobe, Lene Mayer-Skumanz, Christine Nöstlinger,
Käthe Recheis, Renate Welsh
Illustrationen: Susi Weigel und Alicia Sancha

Alltagsgeschichten, Problemgeschichten, Märchen, phantastische
Geschichten und gleichnishafte Erzählungen, Bildgeschichten,
kurze und längere Gedichte, Lieder, Tanzspiele, Texte für Puppen-
und Kasperlspiele, Bilderwitze und ein Suchbild.

Die pädagogische Beratung durch Dr. Maria Groh hilft, dieses Buch
möglichst effektiv in der Kindergartenarbeit einzusetzen.
(siehe Seite 215–226)

Verlag Herder Wien · Freiburg · Basel

DIE GROSSE WIPPSCHAUKEL

Reime, Lieder und Gedichte
von
Friedl Hofbauer

Mehr als hundert der erfolgreichen Gedichte aus inzwischen vergriffenen Büchern der bekannten Kinderbuchautorin sind hier neu zusammengefaßt. Wortspiele, Sprüche, gereimte Märchen und Lieder — gegliedert in:

WIPPSCHAUKEL · REIMEMARKT · ZWÖLF GÄSTE · DER WOLKENKUCKUCK · IN DIE WEITE WELT · ES HAT SIE SICH WER AUSGEDACHT · HAMPEL-STRAMPEL · WAS RASCHELT IM STROH · VERRÜCKTE WELT · WEISST DU, WIE WER WO WARUM · MACH MIT — SING MIT · LINKS VOM MOND STEHT EIN KLEINER STERN

Hoch tief
auf und nieder
hoch tief
immer wieder
hoch tief sitzt du oben
hoch tief schon verschoben

hoch tief bist du unten
hoch tief und die bunten
hoch tief Kieselsteine
hoch tief und die kleine
hoch tief Wolke oben ...

ca. 144 Seiten, Pappband, ca. 35 Illustrationen von J. Paleček
ISBN 3-210-24.794

Verlag Herder Wien · Freiburg · Basel